# Der Limes

## 50 Jahre Forschung und Vermittlung

VON MARTIN KEMKES
UND LYDIA WALTER

LIMESMUSEUM AALEN
ZWEIGMUSEUM
DES ARCHÄOLOGISCHEN LANDESMUSEUMS
BADEN-WÜRTTEMBERG

THEISS

Die Limesreihe – Schriften des Limesmuseums Aalen
Band 63

Herausgegeben von
der Gesellschaft für Archäologie in Württemberg und Hohenzollern e.V.
mit Unterstützung
des Archäologischen Landesmuseums Baden-Württemberg
und der Stadt Aalen

Die Deutsche Nationalbibliothek verzeichnet diese Publikation in der Deutschen Nationalbibliografie; detaillierte bibliografische Daten sind im Internet über http://dnb.d-nb.de abrufbar.



Der Theiss Verlag ist ein Imprint der WBG.


Die Herausgabe des Werkes wurde durch die Vereinsmitglieder der WBG ermöglicht.
Redaktion: Martin Kempa
Produktion: Verlagsbüro Wais & Partner, Stuttgart
Gestaltung: Hans-Jürgen Trinkner
Einbandgestaltung: Stefan Schmid Design, Stuttgart
Einbandabbildungen: Nachbau eines Limeswachtturms im Limespark Osterburken, Bildrechte: Holger Uwe Schmitt (Vorderseite); Landesamt für Denkmalpflege Esslingen, Y. Mühleis(Rückseite).
Gedruckt auf säurefreiem und alterungsbeständigem Papier
Printed in Germany

Besuchen Sie uns im Internet: www.wbg-wissenverbindet.de

ISBN 978-3-8062-2959-2

# INHALT

# Vorwort

Der Obergermanisch-Raetische Limes ist mit einer Länge von rund 550 km das größte Bodendenkmal in Deutschland und gehört seit 2005 zum Welterbe der UNESCO. Die Auszeichnung wirkte als wichtiger Katalysator sowohl für eine deutliche Intensivierung der wissenschaftlichen Erforschung des Limes als auch für die Publikation und Vermittlung der Ergebnisse. Diese positive Entwicklung baut allerdings auf einer langen Vorgeschichte auf, denn spätestens mit der Gründung der Reichs-Limeskommission im Jahr 1892 und den folgenden umfangreichen, archäologischen Untersuchungen rückte der Limes in den Mittelpunkt der römischen Archäologie in Deutschland. Die Arbeit der Kommission blieb auch Grundlage für die Limesforschung nach dem Zweiten Weltkrieg, wobei neben zahlreichen großen und spektakulären Ausgrabungen auch der Schutz der originalen Überreste und deren Vermittlung für eine breite Öffentlichkeit immer mehr an Bedeutung gewannen.

Ein wichtiger Meilenstein dieser Entwicklung war die Gründung des Limesmuseums in Aalen vor genau 50 Jahren im Juni 1964 als Zweigmuseum des Württembergischen Landesmuseums. In den letzten Jahrzehnten hat sich das Museum zum zentralen Informationszentrum für den Limes in Baden-Württemberg entwickelt, in dem der Besucher nicht nur die originalen Objekte vom Limes bewundern kann, sondern wo ihn auch zahlreiche Sonderausstellungen und ein breites museumspädagogisches Programm erwarten. Seit dem Jahr 2008 ist das Limesmuseum auch der Sitz des Limesinformationszentrums Baden-Württemberg und der Geschäftsstelle des Vereins Deutsche Limesstraße.

Aus Anlass des 50-jährigen Jubiläums ziehen das Archäologische Landesmuseum Baden-Württemberg und das Landesamt für Denkmalpflege im Regierungspräsidium Stuttgart unter dem Titel „Der Limes – 50 Jahre Forschung und Vermittlung" eine Bilanz. Eine unter diesem Titel für das Limesmuseum Aalen realisierte Sonderausstellung und die vorliegende Publikation geben nicht nur einen Überblick über den Stand der Forschungen entlang des Limes, sondern zeigen auch die Spannbreite der Vermittlungsarbeit dieser Forschungsergebnisse auf, die von den rekonstruierten Limeswachttürmen bis hin zur Museumspädagogik in den Museen reicht. Im Mittelpunkt stehen 50 ausgewählte Objekte, die entlang des Limes in Baden-Württemberg gefunden wurden. Sie bilden in ihrer unmittelbaren Authentizität spezifische Einblicke in den Alltag und die kulturellen Bezüge der Zeit am Limes vor rund 1800 Jahren.

Die Publikation erscheint als Band 63 der Schriftenreihe des Limesmuseums Aalen. Die Reihe wurde bereits 1965, nur ein Jahr nach Gründung des Museums, zunächst unter dem Namen „Kleine Schriften zur Kenntnis der römischen Besetzungsgeschichte Südwestdeutschlands" ins Leben gerufen. Parallel zur Museumsarbeit soll die Schriftenreihe spezifische Themen der Limesforschung und der provinzialrömischen Archäologie für ein breites Publikum aufarbeiten und erschließen.

Es ist uns an dieser Stelle eine große Freude zahlreichen Personen unseren Dank auszusprechen. An erster Stelle der Stadt Aalen und ihrem Oberbürgermeister Thilo Rentschler. Seit 50 Jahren besteht zwischen der Stadt und dem Land Baden-Württemberg, vertreten zunächst durch das damalige Württembergische Landesmuseum, seit 2003 durch das Archäologische Landesmuseum Baden-Württemberg, eine enge und vertrauensvolle Zusammenarbeit hinsichtlich der Betreuung des Limesmuseums, die sich sowohl in den großen Ausbauprojekten 1979 bis 1981, 1999 und 2005, in zahlreichen Sonderausstellungen, aber auch im alltäglichen Museumsbetrieb widerspiegelt. Nicht vergessen werden soll dabei auch die Unterstützung der Stadt Aalen bei den großen Ausgrabungen im Kastellgelände von 1979 bis 1986 sowie bei der Durchführung zahlreicher Tagungen und Kongresse, insbesondere des Internationalen Limeskongresses 1983. Allen Verantwortlichen von der Stadtverwaltung bis hin zu den Mitarbeitern im Limesmuseum gilt unser herzlicher Dank für die hervorragende Zusammenarbeit in den letzten Jahren und Jahrzehnten!

Besonders zu danken ist an dieser Stelle auch der Gesellschaft für Archäologie in Württemberg und Hohenzollern als Herausgeberin der Schriftenreihe des Limesmuseums, ohne deren kontinuierliche Betreuung und Förderung ein regelmäßiges Erscheinen der Bände nicht möglich wäre.

Ebenso gilt ein ganz herzlicher Dank dem Konrad Theiss Verlag und dem Verlagsbüro Wais & Partner in Stuttgart für die sehr gelungene Gestaltung und Produktion des vorliegenden Bandes.

An dem Buch waren zahlreiche Kolleginnen und Kollegen als Autoren beteiligt, denen für ihre interessanten Beiträge ganz herzlich gedankt sei. Besonders hervorzuheben sind hier die beiden Hauptautoren Martin Kemkes und Lydia Walter, denen wir auch die Konzeption und die Realisierung der Sonderausstellung im Limesmuseum verdanken.

Der Schutz des UNESCO-Welterbes Limes kann nur gelingen, wenn die breite Öffentlichkeit dieses einmalige Bodendenkmal von außergewöhnlicher historischer Bedeutung kennen lernt und als herausragende Welterbestätte akzeptiert. Ein enges Zusammenwirken von Denkmalpflege, Forschung und Vermittlungsarbeit in den Museen und am Denkmal selbst ist hierfür unverzichtbar. Möge das Buch diese Ansätze befördern und dem Leser vertiefende Einblicke in die Forschungs- und Vermittlungsarbeit am Limes ermöglichen.

DR. JÖRG HEILIGMANN
Archäologisches Landesmuseum
Baden-Württemberg

PROF. DR. CLAUS WOLF
Landesamt für Denkmalpflege
im Regierungspräsidium Stuttgart

# Der Limes – ein Forschungsprojekt

Von Martin Kemkes

Kein anderes Bodendenkmal hat die Römerforschung in Deutschland in einer ähnlichen Weise beeinflusst wie der rund 550 km lange Obergermanisch-Raetische Limes, der vom Rhein bei Rheinbrohl bis zur Donau westlich von Regensburg verläuft. Die Gründe dafür sind vielschichtig. Da ist zunächst der Umstand zu nennen, dass die Sperranlagen des Limes wie Mauer, Wall und Graben über weite Strecken in der Landschaft sichtbar geblieben sind (Abb. 1). Auch wenn sie im Verlauf des Mittelalters nicht mehr als Überreste aus der Römerzeit angesprochen bzw. erkannt wurden, so belegt die Sage von der Teufelsmauer doch, dass der Limes als Bauwerk im kollektiven Gedächtnis zumindest der regional ansässigen Bevölkerung verankert war und somit seit dem 16. Jh. als historisches Forschungsobjekt erkannt und von Privatgelehrten bearbeitet wurde.

Zum Symbol für die Römerzeit in Deutschland wurde das Bauwerk allerdings erst Ende des 19. Jh. durch die Arbeiten der 1892 gegründeten Reichs-Limeskommission. Dieses Gremium legte durch umfangreiche Ausgrabungen und Publikationen nicht nur den Grundstein für weitere wissenschaftliche Forschungen, sondern setzte mit dem Bild einer wehrhaften Grenzanlage zwischen Römern und Germanen auch ein politisches Signal, das im jungen deutschen Nationalstaat auf fruchtbaren Boden fiel. Der Limes als Grenze zwi-

## Kurzbeschreibung der Sage von der Teufelsmauer

Der Teufel machte Christus den Vorschlag, dass er ihm einen Teil der Welt überlassen sollte, in dem nur er der Herr sei. Der Herrgott willigte unter der Bedingung ein, dass der Teufel seinen Teil im Laufe eines Tages mit einer Mauer einfassen müsse. Aus Habgier wollte der Teufel zu viel Land und hatte am Ende des Tages gerade die Hälfte der Strecke geschafft. Aus Wut warf er die Mauer (die Limesmauer) um, die seitdem „Teufelsmauer" genannt wird.

1 Sichtbarer Verlauf des Limes in der Landschaft bei Rainau-Schwabsberg.

2 Rekonstruktion der letzten Ausbauphase des obergermanischen Limes aus den 1970er-Jahren.

schen zwei „Nationen“ bzw. zwischen zwei grundverschiedenen gesellschaftlichen Systemen blieb auch nach dem Ende des Kaiserreiches und der Nazidiktatur im öffentlichen Bewusstsein verankert. Bereits wenige Jahre nach dem Zweiten Weltkrieg diente der Limes als Metapher für den eisernen Vorhang in Europa, wobei wiederum allein das oberflächliche Bild der Sperranlage mit durchgehender Palisade und Wachttürmen die Parallelität zur innerdeutschen Grenze nahelegte (Abb. 2).

Im Zuge der Öffnung der Grenzen innerhalb Europas ab 1990 und der anschließenden breiten politischen und historischen Auseinandersetzung mit Grenzen in Geschichte und Gegenwart behielt der Limes bis heute als „Imperiale Barbarengrenze“ seine Rolle als historisches Spiegelbild für die spezifischen Formen der Abgrenzung zwischen zwei Staaten bzw. Gesellschaften. Die sich aus diesen historischen Vergleichen ergebenden Möglichkeiten zur Erforschung und Vermittlung des römischen Bauwerks selbst stehen zurzeit noch ganz am Anfang.

Den vorläufigen Höhepunkt der deutschen Limesbegeisterung bildete die Anerkennung als UNESCO-Welterbe im Jahr 2005. Auch wenn sich dadurch in der Öffentlichkeit die Gleichsetzung von „Limes“ und „römischer Archäologie“ noch eher verfestigt hat, wirkte die Auszeichnung doch als wichtiger Katalysator sowohl für eine deutliche Intensivierung der wissenschaftlichen Erforschung des Denkmals, aufbauend auf den Ergebnissen der letzten Jahrzehnte, als auch für Publikation und Vermittlung der Ergebnisse in der Öffentlichkeit.

„Das ist der tiefere Sinn des Eisernen Vorhangs, der Europa in zwei Hälften teilt, östlich dieser Trennungslinie regiert die totalitäre Macht des russischen Kommunismus; im Westen dagegen wird unter der Führung der USA und Englands die Freiheit entschlossen verteidigt. Während aber die anderen Völker Europas ganz auf der einen oder ganz auf der anderen Seite des unseligen Limes liegen, ist er für uns zugleich das bittere Symbol der uns verweigerten Einheit.“

Die Zeit, 8. April 1948

Im Folgenden werden einige wichtige Themenfelder behandelt, die in den letzten Jahrzehnten im Fokus der Forschung standen. Dabei zeigt sich immer mehr, dass es den „Obergermanischen-Raetischen Limes" als einheitliches Bauwerk und Grenzsystem der Römer nicht gegeben hat, sondern dynamische Entwicklungsprozesse Aussehen und Funktion der römischen Außengrenzen beeinflussten. Dem allgemeinen Sprachgebrauch folgend wird das Wort „Limes" dabei verallgemeinert verwendet.

## Der Limes – Wortbedeutung und Funktion

Da es in der Antike kein Rechtssystem gab, das vergleichbar dem modernen Völkerrecht die verschiedenen Stämme und Völker als gleichberechtigte Subjekte einer Gemeinschaft definierte, konnte es auch keine bilaterale juristische Normierung einer Territorialgrenze geben. Die Definition der Außengrenze des eigenen Machtbereiches war deshalb für das Rechtsverständnis der Römer zunächst einmal eine innere Angelegenheit.

Die verschiedenen lateinischen Begriffe für Grenze wie *finis* (auch Plural *fines*) oder *termini* (Singular *terminus* – Grenzstein) wurden im rechtlichen Zusammenhang weitgehend für private und öffentliche (Grundstücks-)Grenzen verwendet, die durch Grenzsteine, Wege oder Flüsse gekennzeichnet waren. Von besonderer Bedeutung war dabei die Verknüpfung zwischen der Grenzlinie als Solcher und dem damit eingegrenzten Gebiet (*ager, fundus, territorium*) einschließlich des darin geltenden Besitzrechtes. Dieses Prinzip findet sich auch bei dem durch Steine markierten sakralen Bereich des *pomerium* – die Grenze des städtischen Religionsbezirkes – außerhalb der die Weissagungen der Auguren ihre Gültigkeit verloren, die Rechte der bürgerlichen Magistrate endeten und das *imperium militare*, das Regiment des Kriegsherrn, begann. In dieses ursprüngliche Bedeutungsfeld ist auch das Wort *limes* einzuordnen. Aus der Zusammensetzung von *limus* (quer) und der Ableitung von *ire* (gehend) gebildet, steht das Wort für einen Weg, der das Feld, den Wald oder auch die Reihen der Feinde durchquert. Die römischen Landvermesser bezeichneten damit den Grenzweg zwischen zwei Grundstücken. Die Vermessung und Einteilung des Bodens bzw. des Grundstückes wurde davon abgeleitet als *limitatio* bezeichnet. In diesem Sinne ist auch eine Inschrift aus Dusa in Bithynien (Düzce, Türkei) zu interpretieren, die einen Prokurator nennt, der um 100 n. Chr. im rechtsrheinischen Obergermanien eine Region jenseits des vermessenen Provinzgebietes (χώρας/ [Σ]ομελοκεννησίας·καὶ/[ὑ]περλιμιτάνης) verwaltete.

Das Wort *limes* findet sich in mehreren Quellen vom 1. bis 5. Jh. n. Chr., die militärische Vorgänge beschreiben. Bei der Interpretation dieser Stellen muss man sich allerdings von der erst im 19. Jh. begründeten Gleichsetzung des lateinischen Begriffs *limes* mit den baulichen Überresten der Sperranlagen in Obergermanien und Raetien lösen. So beschreiben die *limites* zunächst Vormarsch- und Versorgungsschneisen durch feindliche Wälder anlässlich von Militäraktionen, wie nach der Varusniederlage 9 n. Chr. und während des Chattenkrieges des Kaisers Domitian im heutigen Hessen um 83 n. Chr. Weitet man diese Charakterisierung von „militärisch gesicherten Versorgungs- und Kontrolllinien" während eines konkreten Feldzuges auf dauerhafte infrastrukturelle Formen der Landerschließung aus, so können des Weiteren die unter Vespasian rechts des Rheins angelegten, durch Kastelle gesicherten Straßen in der Wetterau, im Oberrheintal oder durch das Kinzigtal nach Rottweil und auf der Schwäbischen Alb durchaus noch als *limes* oder *limites* im ursprünglichen Wortsinn benannt werden. Dabei scheint der Begriff im Singular sowohl für eine einzelne Schneise als auch für eine Gesamtmaßnahme dieser Art verwendet worden zu sein. Somit beschreiben die beiden Zitate des Tacitus nicht den späteren obergermani-

## Der Begriff *limes/limites* in den historischen Quellen

Beschreibung einer Militäraktion des Tiberius nach der Varusniederlage im Jahr 9 n. Chr.: „Er (Tiberius) drang in das Innere vor, bahnte *limites* (Schneisen), verwüstete Felder und brannte Häuser nieder." (Velleius Paterculus 2,120,2)

Beschreibung des militärischen Vorgehens Domitians gegen die Chatten nördlich der Wetterau um 83 n. Chr.: „Als die Germanen nach ihrer Sitte aus Wäldern und dunklen Verstecken die Unsrigen immer wieder überfielen und einen sicheren Rückzug in die Tiefen der Wälder antraten, ließ der Kaiser Caesar Domitianus Augustus *limites* (Schneisen) über 120 Meilen hinweg anlegen, und hierdurch veränderte er nicht nur den Zustand des Krieges, sondern er unterwarf auch die Feinde unter seinen Befehl, deren Schlupfwinkel er aufgedeckt hatte." (Frontin, Strategemata 1,3,10)

Beschreibung der unsicheren Lage entlang der Grenzen in den 80er-Jahren des 1. Jh. n. Chr.: „...und man hatte Bedenken schon nicht mehr um den *limes* (die Landgrenzen) des Reiches und die *ripa* (Flussgrenzen), sondern um die Winterlager der Legionen und den Besitz." (Tacitus, Agricola 41,2)

Beschreibung der Vorgänge rechts des Rheins um 100 n. Chr.: „... bald wurde der *limes* angelegt und die Kastelle vorverlegt, seither gilt das Gebiet als Vorland des Reiches und Teil der Provinz." (Tacitus, Germania 29,3)

Beschreibung der unruhigen Zeiten an den Grenzen zur Zeit des Kaisers Valentinian: „In dieser Zeit (ab 364 n. Chr.) wurden die wildesten Völker unruhig, als ob die Trompeten in der ganzen römischen Welt das Kriegszeichen gäben, und sie durchstreiften die ihnen jeweils nächsten *limites* (Grenzgebiete). Die Alamannen verwüsteten Gallien und Raetien zugleich ..." (Ammianus Marcellinus 16,4–5)

Beschreibung der Errichtung des Limes unter Hadrian aus dem 5. Jh. n. Chr.: „In jener Zeit (ca. 120–122 n. Chr.) trennte er in vielen Gegenden, in denen die Grenze nicht durch Flüsse, sondern einen *limes* gebildet wird, die Barbaren mit großen Pfählen, die nach Art eines mauerähnlichen Zaunes tief eingerammt und miteinander verbunden waren." (Scriptores historiae Augustae, Hadrian 12)

schen Limes am Rande der Wetterau und im Odenwald, sondern beziehen sich eher im Sinne von kontrollierten Grenzzonen bzw. -gebieten auf die Vorgänge unter den flavischen Kaisern. Der nach den Chattenkriegen des Domitian errichtete bzw. real kontrollierte römische Herrschaftsbereich rechts des Rheins wurde dann durch die später angelegten Limesanlagen nicht mehr grundsätzlich erweitert, sondern erhielt lediglich eine andere strategische Ausprägung.

Ähnliches gilt im Prinzip für die spätantiken Überlieferungen im 4./5. Jh. n. Chr. So beschreibt die Kaiserbiografie Hadrians des Aelius Spartianus zwar in wünschenswerter Klarheit die Errichtung der Limespalisade um 120 n. Chr., der Begriff *limes* bezeichnet aber eher die von den Römern geschlagene Bahn im technischen Sinn und nicht die Grenze selbst. Erstmals wird hier – allerdings aus dem Blickwinkel des 5. Jh. n. Chr. – eine Art völkerrechtliche Abgrenzung zwischen Römern und Germanen erwähnt. Die Bedeutung als Grenzsperre in unserem modernen Wortsinn hat „Limes" jedoch nach wie vor nicht. Bei Ammianus Marcellinus wird der Begriff *limites* dagegen eher im

Sinne von kontrollierten Grenzzonen verwendet. Der antike *limes*-Begriff beschreibt somit keine konkrete architektonisch gestaltete Grenzlinie, sondern eine kontrollierte Grenzzone, die Rom aus militärisch-politischen Gründen jederzeit überschreiten konnte – nach den Ergebnissen der Grabungen am Harzhorn zum Feldzug des Maximinus Thrax bis in das 3. Jh. n. Chr. hinein. Weiterhin bleibt festzuhalten, dass die Außengrenzen des Imperium Romanum nicht im Sinne einer Staatsgrenze klar definiert waren, sondern im Laufe der Geschichte von den jeweiligen Kaisern in Abhängigkeit von der faktischen Durchsetzbarkeit ihres Machtbereiches (*imperium*) pragmatisch gezogen wurden. Ihr jeweiliger Verlauf hatte im rechtlichen Sinne für Rom keine Bedeutung. Die Außengrenze des Reiches war jedoch Teil einer politischen Idee, denn nach dem Willen der Götter fungierte Rom als „Haupt der Welt" (Livius, ab urbe condita 1,16) und als das „alleinige Vaterland aller Völker auf dem ganzen Erdkreis" (Plinius, Naturalis historia 3,39). Besonders unter Augustus wurde dieses Weltherrschaftsprinzip ideologisch ausgestaltet, sodass in der Aeneis des Vergil der Göttervater Iuppiter mit dem Satz zitiert wird „Diesem (dem römischen Volk) bestimme ich kein Ziel im Raum und kein Ziel in den Zeiten; Herrschaft hab ich ohne Ende ihm verliehen" (Vergil, Aeneis 1,279). Auch noch im 2. Jh. n. Chr. findet sich derselbe universelle Machtanspruch in der Lobrede auf Rom des Griechen Aelius Aristides: „Ihr regiert auch nicht innerhalb festgelegter Grenzen, noch bestimmt ein anderer, wie weit ihr herrschen dürft" (Aelius Aristides 10). Nach einem Ausspruch Ciceros endete Rom an den Lanzen- und Schwertspitzen seiner Soldaten (Cicero, In Pisonem 38), ein Herrschaftsprinzip, dass sich auch in der römischen Kaiserzeit nicht grundsätzlich änderte. Und so waren die Schlagkraft der Truppen und deren Beweglichkeit die wichtigsten Faktoren, von denen der Verlauf der äußersten Kontrolllinie des Reiches abhing. Ein Umstand, der negativ gewendet im 3. Jh. n. Chr. zur Aufgabe des Limes führte.

Entlang der Flüsse Rhein und Donau sowie am Obergermanisch-Raetischen Limes schuf sich das römische Imperium vom 1. bis zur Mitte des 2. Jh. n. Chr. am Punkt seiner maximalen Ausdehnung eine defensive Sicherheitszone mit mehr oder weniger aufwendigen Grenzanlagen. Diese hatten nicht die Aufgabe einer Verteidigungsstellung, sondern an ihnen sollte der Personen- und Warenverkehr in das eigene Reichs- und Rechtsterritorium kontrolliert und kleinere Räuberbanden abgehalten werden. Nach außen entwickelte die Grenzarchitektur, unabhängig von ihrer tatsächlichen Wirksamkeit, auch eine große symbolische Bedeutung als Trennlinie zwischen der imperialen, von den Göttern gewollten Zivilisation und dem aus römischer Sicht wilden Barbarentum. Die militärische Dominanz in dieser Sicherheitszone und die Symbolik der Undurchdringlichkeit, die diese Limeslinie ausstrahlte, gingen einher mit einem zeitweise regen kleinen Grenzverkehr, wobei die Römer die Erlaubnis zum Übertritt selektiv einsetzten und unterschiedlich stark kontrollierten. So berichten die Quellen von dem weitgehend freien Handelsverkehr der Hermunduren nach Raetien (Tacitus, Germania 41), Waffenkontrollen und Mauteinnahmen an der Rheingrenze gegenüber den Tenkterern (Tacitus, Historiae 4,64,1) oder von der Erlaubnis oder Ablehnung der Teilnahme an römischen Markttagen in der Zeit der Markomannenkriege (Cassius Dio 72,11,3 und 72,15,1). Die Art und Weise der Kontrolle an dieser imperialen Barbarengrenze führte aber nicht nur zur Sicherung eines Vorfeldes jenseits der eigentlichen Linie, sondern auch zu einer kulturellen Mischzone im eigenen römischen Hinterland infolge systematischer Umsiedlungen und Landzuweisungen an verbündete Barbaren (Tacitus, Annales 12,29–30 und Cassius Dio 72,11,4–5). Deren kontinuierliche Romanisierung war ein wichtiger Pfeiler der Grenzpolitik. Am Rand des Reichs verhielten sich die Römer somit nach einem Grundmuster, das sich in unterschiedlicher Ausprägung auch an anderen imperialen Außengrenzen wiederfinden lässt. Dazu gehört die gegen die Steppenvölker gerichtete chinesische Mauer ebenso wie die Nordwestgrenze von Britisch-Indien im heutigen Afghanistan im 19. Jh. oder auch die als Militärgrenze bezeichnete Grenzzone vom 16. bis 19. Jh. zwischen dem habsburgischen Ungarn und dem Osmanischen Reich in Südosteuropa.

3 **Die Entwicklung der römischen *limites* im heutigen Südwestdeutschland vom 1. bis 3. Jh. n. Chr.**

## Der Limes – seine historische Entwicklung

Die Errichtung des Limes in Obergermanien und Raetien steht am Ende eines Prozesses, der im 1. Jh. n. Chr., nach der Aufgabe der Pläne Germanien bis zur Elbe zu erobern, zu einer kontinuierlichen Ausweitung des römischen Machtbereiches im heutigen Südwestdeutschland führte. Ein wichtiges Ziel dieser Maßnahme war die Verbesserung der Straßenverbindung zwischen Rhein und Donau. Ab der Mitte des 1. Jh. n. Chr.

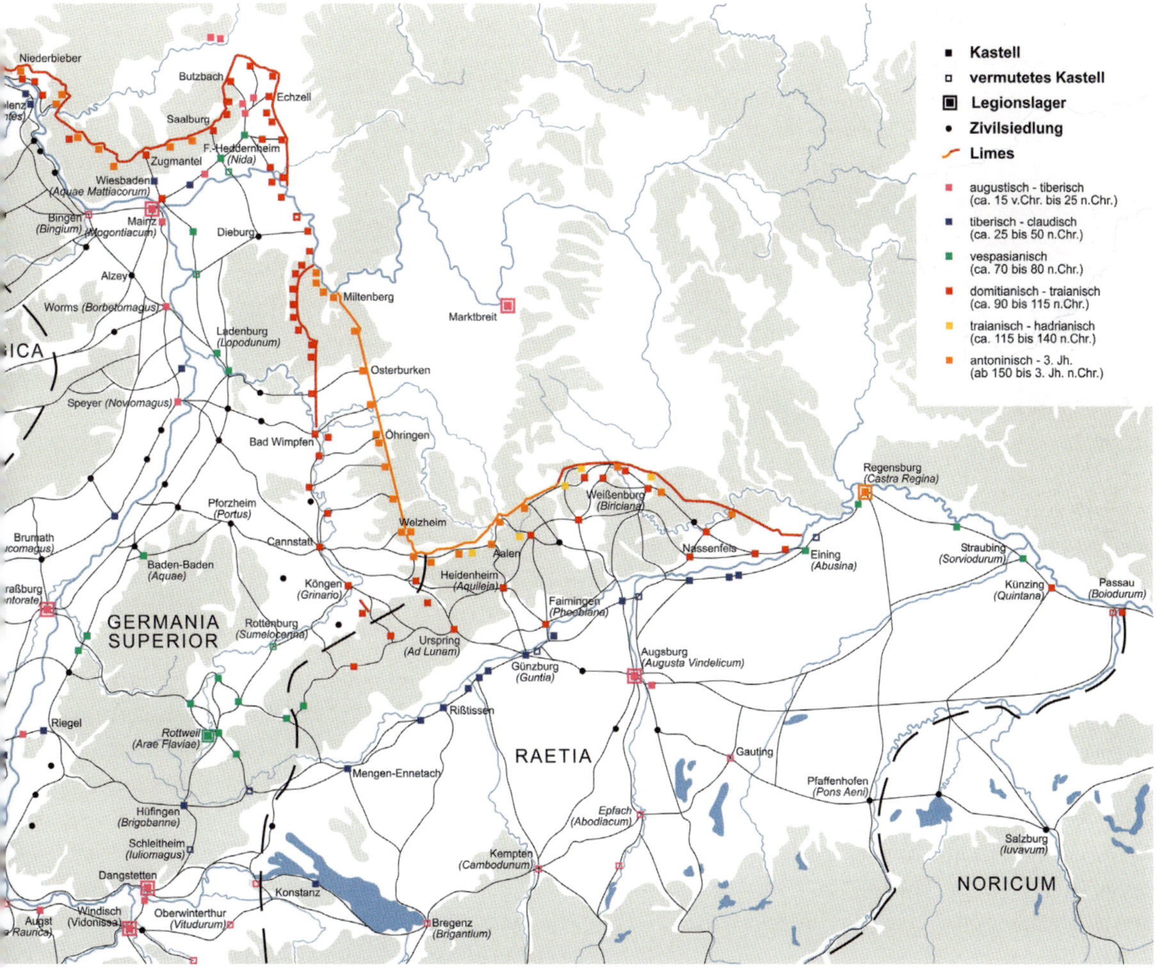

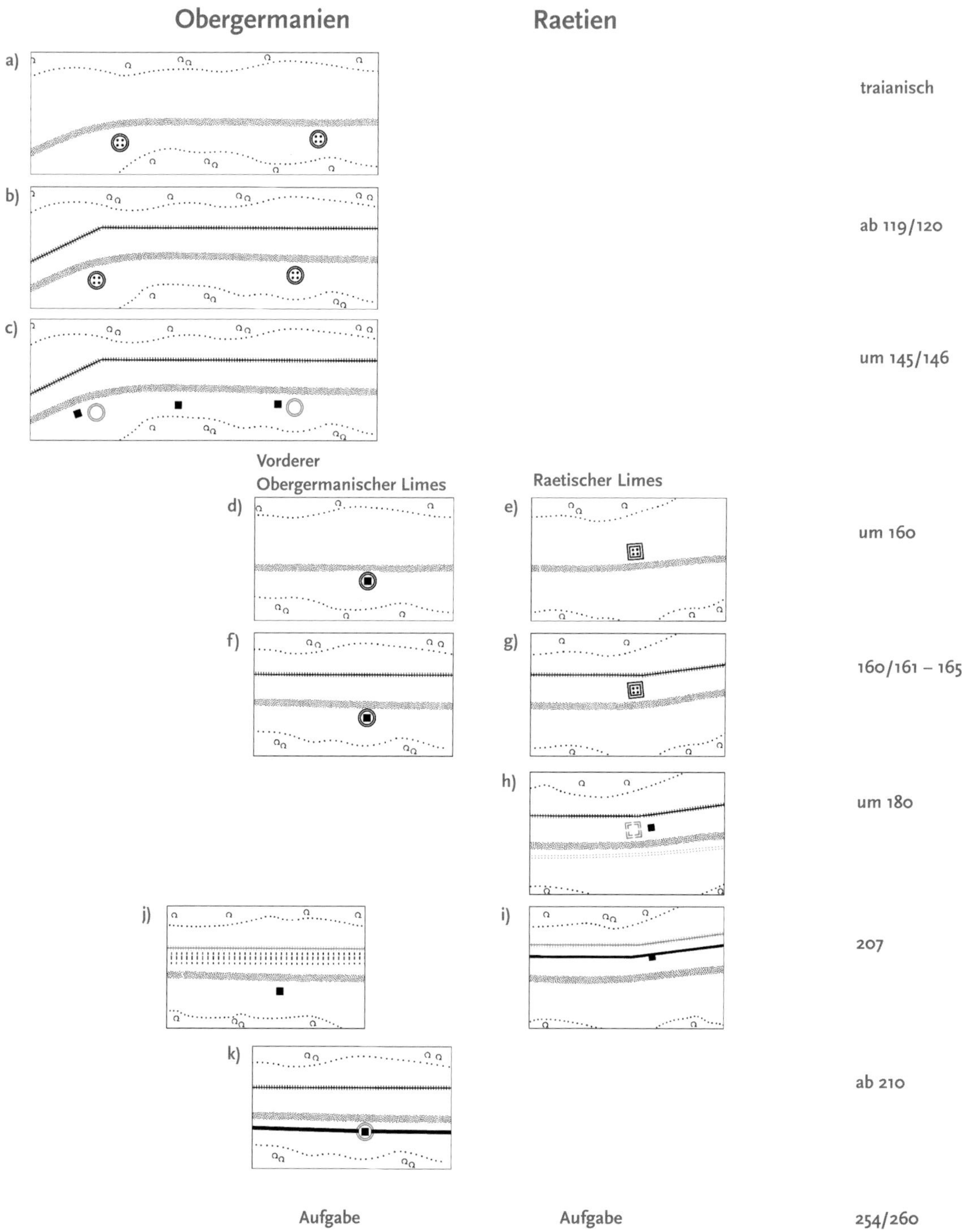
Obergermanien
Raetien
a)
traianisch
b)
ab 119/120
c)
um 145/146
Vorderer Obergermanischer Limes
Raetischer Limes
d)
e)
um 160
f)
g)
160/161 – 165
h)
um 180
j)
i)
207
k)
ab 210
Aufgabe
Aufgabe
254/260

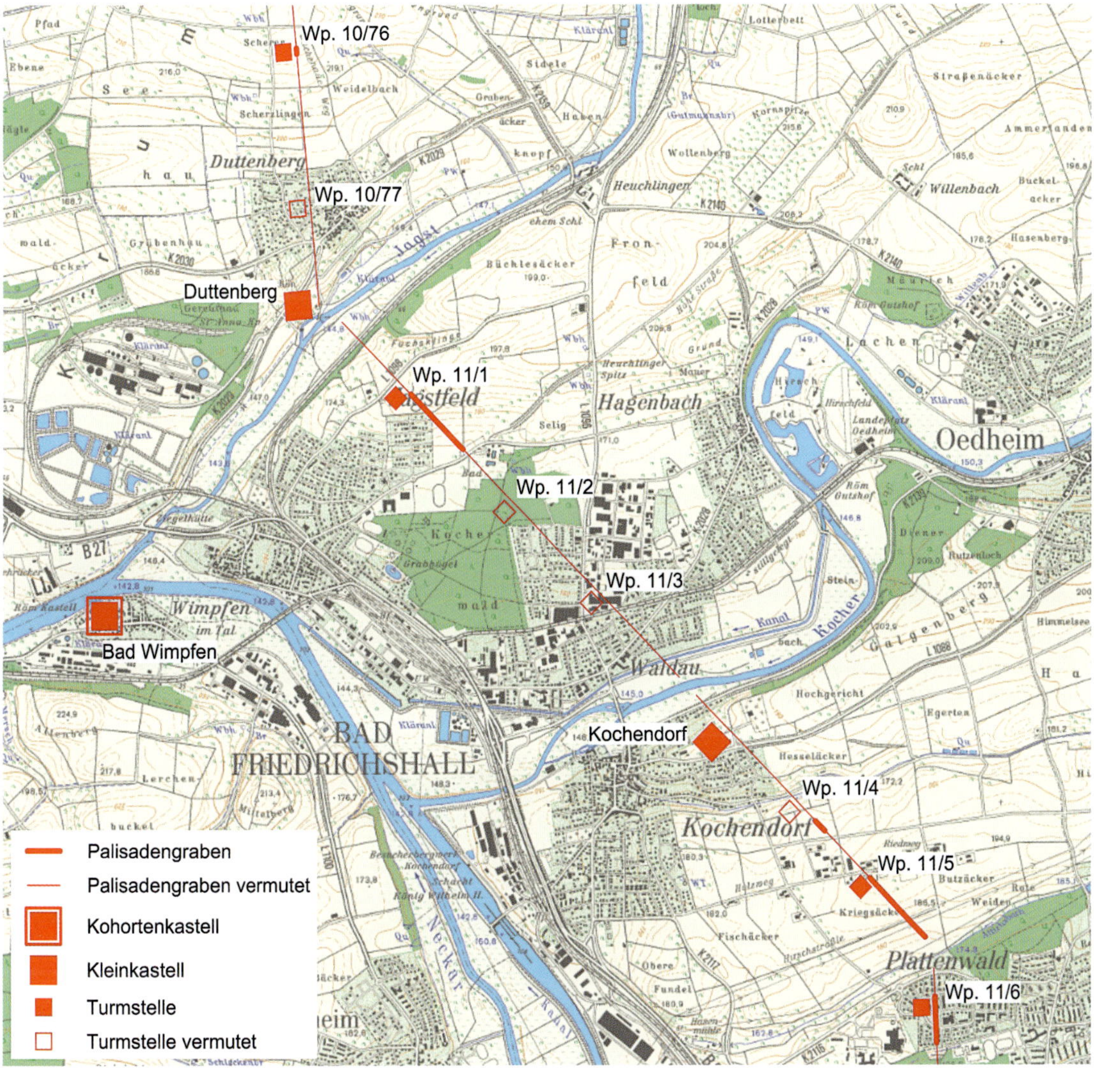


5 Neueste Untersuchungen zum südlichen Ende des Odenwaldlimes deuten an, dass er nicht bei Bad Wimpfen am Neckar aufhörte, sondern auf der Hochfläche östlich des Flusses weiter nach Süden bis möglicherweise Benningen verlief.

4 Schematische Darstellung der baulichen Entwicklung des Limes in Obergermanien und Raetien.

entstanden zunächst entlang der Donau, dann auch auf der rechten Rheinseite, in der Wetterau sowie am oberen Neckar und auf der Schwäbischen Alb zahlreiche durch Straßen verbundene Kastellketten (*ripae* und *limites*; Abb. 3).

Bis in die 1990er-Jahre wurde die Errichtung des Limes als Ergebnis des Chattenkrieges Domitians (83–85 n. Chr.) und parallel zur Gründung der Provinz

Germania Superior gesehen, nicht zuletzt auch aufgrund der literarischen Überlieferung bei Frontin (Strategemata 1,3,10) und Tacitus (Germania 29,3). Heute gilt durch die Neuanalyse der Münzfunde als weitgehend gesichert, dass diese grundlegende strategische Änderung – das Militär entlang einer äußeren Kontrolllinie der Provinzen zu stationieren – in die Regierungszeit Traians (98–117 n. Chr.) fällt. Am Rande der fruchtbaren Wetterau sowie weiter südlich entlang des Mains, im Odenwald, am Neckar und auf der Schwäbischen Alb entstand eine Vielzahl neuer Kastelle. In Raetien wurde das Nördlinger Ries durch die Standorte von Oberdorf über Weißenburg bis Pförring in die Provinz einbezogen. Parallel dazu gab man die Kastelle im Rheintal, am oberen Neckar und entlang der Donau auf. Der Ausbau dieser neuen Kontrolllinie erfolgte in den beiden Provinzen, Obergermanien und Raetien, aber keineswegs einheitlich.

Entlang der Landgrenzen Obergermaniens kam es in Taunus, Wetterau und Odenwald zur Anlage von *limites*, zunächst entsprechend dem ursprünglichen Wortsinn Waldschneisen, gesichert durch hölzerne Wachttürme (Abb. 4 a). Ab 119/120 n. Chr. wurde dort unter Hadrian eine durchgehende Palisade errichtet (Abb. 4 b), wobei ein Dendrodatum aus Marköbel (bei WP 5/1) die Angaben in der Historia Augusta (Hadrian 12,6) bestätigt. Neueste Untersuchungen zum südlichen Ende des Odenwaldlimes deuten an, dass dieser nicht bei Bad Wimpfen am Neckar aufhörte, sondern auf der Hochfläche östlich des Flusses weiter nach Süden bis möglicherweise nach Benningen verlief (Abb. 5). Entlang des Mains und am Neckar bis Köngen lagen die Kastelle an den Flussufern. Im Lautertal auf der Schwäbischen Alb bei Dettingen errichteten die Römer dagegen eine durchgehende Palisade mit Graben, um das Lautertal abzuriegeln. Dass der Ausbau der gesamten Limesstrecke nicht in einem Zug erfolgte, belegen zudem neuere Untersuchungen in der östlichen Wetterau zwischen Oberflorstadt und Hanau-Salisberg oder

6 **Bauinschrift vom Odenwaldlimes beim Wachtturm 10/33, aus dem Jahr 145/146 n. Chr.**

zum Ausbau der Kastelle in den 130er- bis 140er-Jahren im Taunus. Die Errichtung von Türmen aus Stein (*burgi*) anstelle der zum Teil inzwischen erneuerten Holztürme kann durch mehrere Inschriften vom Odenwaldlimes schließlich in das Jahr 145/146 n. Chr. datiert werden (Abb. 4 c; 6). In der Provinz Raetia, sowohl auf der Schwäbischen Alb als auch im Bogen vom Nördlinger Ries über Weißenburg bis zur Donau, bildete dagegen zunächst noch die durch eine Straße verbundene Kastellkette die „Grenze". Dieses unterschiedliche Vorgehen in Obergermanien und Raetien zeigt, dass es zwischen Rhein und Donau keine einheitliche Planung gab, sondern die *limites* der Provinzen separat betrachtet werden müssen.

Als sich das Hinterland im 2. Jh. n. Chr. entwickelte, wurde das wirtschaftliche und kulturelle Gefälle zwischen den Provinzen und den Regionen jenseits des Limes immer offenkundiger. Ein unkontrollierter Waren- und Personenverkehr in das Reichsgebiet konnte jedoch nicht im römischen Interesse liegen, und so lag es nahe, die neu entstandene Grenzzone durch eine lückenlos befestigte Linie weiter auszubauen und den kleinen Grenzverkehr auf gesondert überwachte Übergänge zu beschränken. Um 160 n. Chr. wurde deshalb die Grenze wohl zeitgleich in Obergermanien und Raetien ein letztes Mal nach Osten bzw. Norden vorgeschoben (Abb. 3). Sie verlief nun vom Main bei Miltenberg in einer nahezu 80 km langen, schnurgeraden Linie bis zum Limesknick bei Lorch im Remstal und von hier nach Osten über Aalen in Richtung Weißenburg. Während am „vorderen Limes" in Obergermanien Steintürme errichtet wurden, baute man in Raetien zunächst Holztürme, die sich gleichermaßen im westlichen wie im östlichen Abschnitt finden (Abb. 4 d–e; 10). Zäune oder Palisaden, die um die Wachttürme nachzuweisen sind, könnten darauf hindeuten, dass die durchgehende Holzpalisade erst einige Jahre später fertiggestellt wurde. In diese frühe Phase des Limes könnte auch ein einfacher Flechtwerkzaun gehören, wie er in Raetien an einigen Stellen, z. B. für die erste

7 Pfahlrost unter der raetischen Limesmauer beim Kastell Dambach, freigelegt bei Ausgrabungen im Jahr 1896.

Bauphase beim Limestor Dalkingen, nachgewiesen wurde.

Die Datierung der letzten Ausbauphase am Limes um 160 n. Chr. ergibt sich aus einer Reihe von Bauinschriften und dendrochronologischen Untersuchungen. So stammt die jüngste militärische Weihinschrift aus dem Kastellbad von Neckarburken am Odenwaldlimes aus dem Jahr 158 n. Chr. (AE 1986, 523), während die ältesten Dendrodaten am vorderen Limes ein Fälldatum der Bauhölzer im Jahr 159/160 n. Chr. belegen und eine Bauinschrift aus Jagsthausen in das Jahr 161 n. Chr. gehört (CIL 13, 6561). Der Bau der Palisade (Abb. 4 f–g) lässt sich anhand mehrerer Dendrodaten aus dem Rotenbachtal bei Schwäbisch Gmünd, aus Rainau-Schwabsberg, Mönchsroth und Gunzenhausen in die Jahre zwischen 160 und 165 n. Chr. datieren (S. 91), während die älteste Bauinschrift der *principia* im Kastell Aalen aus dem Jahr 163/164 n. Chr. stammt (S. 84 f.). Der Beginn der Gesamtmaßnahme reicht somit wahrscheinlich noch in die letzten Regierungsjahre des Antoninus Pius (138–161 n. Chr.) zurück, während ein Großteil der Arbeiten unter dem neuen Kaiser Marc Aurel (161–180 n. Chr.) durchgeführt wurde. Möglicherweise handelte es sich um eine präventive Maßnahme im Vorfeld der Markommannenkriege ab 170 n. Chr.

Dass der Ausbau nicht überall einheitlich erfolgte, zeigt nicht nur die Mehrphasigkeit einzelner Turmstellen mit bis zu vier Wachttürmen (Abb. 9), sondern auch der Nachweis doppelter Palisadenreihen im Taunus (WP 3/18–3/29 und WP 3/47) und in der Wetterau beim Kastell Arnsburg (WP 4/61; Abb. 13) sowie bei den Wachtturmstellen WP 4/70–71 und WP 5/4, ohne dass diese jedoch genauer datiert werden können. Gleiches gilt für die ansonsten in Obergermanien unüblichen Mauerabschnitte im Taunus zwischen dem Kastell Altes Jagdhaus und WP 3/55 sowie am Odenwaldlimes beim Kleinkastell Zwing.

In den folgenden Jahrzehnten kam es nicht mehr zu einer grundlegenden Änderung des Limesverlaufes, sondern lediglich zu Ergänzungen der Kastellketten bzw. zum Umbau der Sperranlagen. So wurde im Zuge der Markomannenkriege (166–180 n. Chr.) die *legio III Italica* zunächst in Eining-Unterfeld und dann ab 179 n. Chr. in Castra Regina-Regensburg stationiert. Noch unter Commodus errichtete man wahrscheinlich das Annexkastell von Osterburken, während der Neubau der Kastelle Niederbieber und Holzhausen in den Kontext des Bürgerkrieges zwischen Septimius Severus und Clodius Albinus (193–197 n. Chr.) gehören könnte.

Als letzte wichtige Baumaßnahme gelten schließlich die Anlage von Wall und Graben in Obergermanien und einer Mauer in Raetien. Lange ging man davon aus, dass es sich dabei um einen weiteren fortifikatorischen Ausbau der Grenzanlagen handelte, z. B. infolge der Markomannenkriege. Doch scheint einiges dafür zu sprechen, dass vor allem die inzwischen schadhaft gewordene Holzpalisade ersetzt werden musste. Einige der raetischen Holztürme wurden nach Befunden in Rainau-Schwabsberg (WP 12/77) und Dalkingen (WP 12/81) wohl bereits ab 180/190 n. Chr. durch Steintürme ersetzt (Abb. 4 h). Neueste Dendrodaten vom Pfahlrost der raetischen Mauer (Abb. 7) belegen deren Errichtung im Jahr 207/8 n. Chr., wobei offen bleibt, ob Wall und Graben in Obergermanien gleichzeitig angelegt wurden. Ebenso unklar ist die genaue Datierung der 17,5 km langen Mauer zwischen den obergermanischen Kastellen Rinschheim und Jagsthausen (Abb. 4 i–k).

## Das Ende des Limes

Die unabhängige Entwicklung der *limites* in Obergermanien und Raetien zeigt sich schließlich auch an deren Ende in den unruhigen Zeiten um die Mitte des 3. Jh. n. Chr. Nach Analyse der Schatzfunde und Zerstörungshorizonte in den Kastellen und Siedlungen scheint der erste große Germaneneinfall des Jahres 233 n. Chr. hauptsächlich das nördliche Obergermanien getroffen zu haben (S. 47). Trotz des massiven römischen Gegenschlages unter Maximinus Thrax, wie er durch die Funde am Harzhorn nachgewiesen werden konnte, scheint sich das obergermanische Limesgebiet nicht mehr vollständig erholt zu haben, auch wenn aus den Jahren 241 bis 249 n. Chr. noch Bauinschriften und Altäre aus Niederbieber, Kapersburg, Seligenstadt, Osterburken, Jagsthausen und Öhringen (S. 52 f.) vorliegen (CIL 13, 6652, 6658, 6566, 7440, 7754). Bauliche Reduzierungen in den Kastellen und Zivilsiedlungen entlang des Limes weisen auf ein kontinuierliches Ausdünnen der Besatzungen wie auch der Zivilbevölkerung hin. Da der Limes für die Abwehr großer Angriffe militärisch vollkommen ungeeignet war, stellte die römische Armee wohl ab der Mitte des 3. Jh. n. Chr. mobile Reitereinheiten zusammen, die zum Teil im Hinterland des Limes stationiert waren.

8 Der Augsburger Siegesaltar aus dem Jahr 260 n. Chr.

Hinweise dafür gibt es aus den ehemaligen Kastellstandorten des 2. Jh. n. Chr. wie Stuttgart-Bad Cannstatt, Heidelberg, Heddernheim und Faimingen an der Donau. Eventuell wurde in Raetien um 240 n. Chr. die äußere Limeslinie zwischen Weißenburg und Ellingen bis zur Donau aufgegeben und durch eine neue Linie an der durch Steintürme überwachten Straße Weißenburg – Burgsalach – Pfünz – Kösching – Pförring – Eining ersetzt. Im Jahr 254 n. Chr. ereignete sich schließlich am raetischen Limes ein katastrophaler Germaneneinfall, der durch Schlussmünzen und Brandschichten in allen raetischen Kastellanlagen mit Ausnahme von Schwäbisch Gmünd belegt ist. Ein Wiederaufbau scheint hier ausgeblieben zu sein, sodass 254 heute als Enddatum des raetischen Limes angesehen werden kann, während in Obergermanien ein „schleichendes Ende" bis 260 n. Chr. postuliert wird.

Die endgültige Aufgabe der Provinzgebiete rechts des Rheins und nördlich der Donau resultierte schließlich aus dem Zusammenspiel von innerer Krise und äußerer Bedrohung – die Gründung des gallischen Sonderreiches unter Postumus 259 n. Chr. und die Einfälle der Germanen (S. 88 ff.). Postumus konnte zwar die nordwestlichen Provinzen unter seine Kontrolle bringen, konzentrierte sich aber primär auf die Verteidigung der Rheingrenze gegen die Germanen zum Schutze Galliens. Als der reguläre Kaiser Gallienus mit Unterstützung raetischer Truppen gegen den Usurpator Ingenuus auf dem Balkan kämpfte, kam es 259 n. Chr. zu einem koordinierten, verheerenden Einfall der Franken, Alamannen und Iuthungen. Während die Franken durch Gallien bis nach Spanien vordrangen, plünderten die Alamannen Obergermanien und zogen durch das Schweizer Mittelland über die Alpen nach Italien. Die Iuthungen verwüsteten Raetien und drangen ebenfalls bis nach Italien vor. Unter großen Mühen bekämpfte Postumus die Franken, und Gallienus konnte bei Mailand die Alamannen besiegen. Nach der Inschrift des Augsburger Siegesaltares (Abb. 8) gelang es dem raetischen Statthalter am 24./25. April 260 n. Chr.

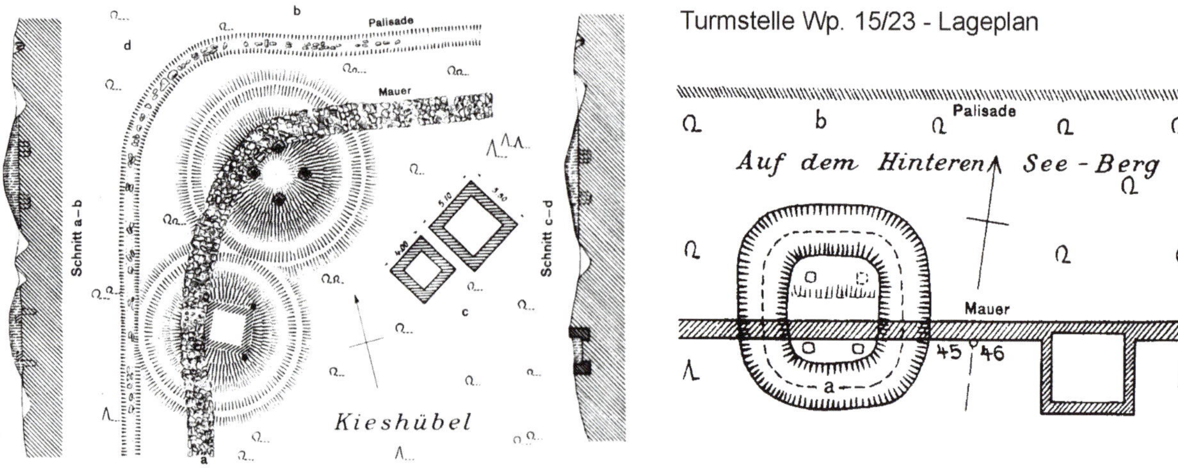


9 **Verschiedene Bauphasen am Limes nach den Untersuchungen der Reichs-Limeskommission. Links: WP 3/61 am Taunuslimes in Obergermanien. Rechts: WP 15/23 am raetischen Limes.**

die Iuthungen bei Augsburg durch ein Heer aus regulären Truppen und einem Volksaufgebot zu schlagen. Dabei sollen „Tausende gefangener Italiker" befreit worden sein. Von diesen verheerenden Einfällen haben sich insbesondere die Gebiete rechts des Rheins und nördlich der Donau nicht mehr erholt. Zwar konnte Gallienus im Jahre 265 n. Chr. Raetien von Postumus zurückerobern, aber sowohl er als auch sein Kontrahent hatten weder das Interesse noch die militärischen Möglichkeiten, das zwischen den Rhein- und den Donauprovinzen liegende Limesgebiet dauerhaft zu stabilisieren.

## Der Limes – Grenzsperren, Wachttürme, Kleinkastelle

Auch bei den militärischen Anlagen vom Wachtturm bis zum Kastell zeigt sich ein differenziertes Bild des Obergermanisch-Raetischen Limes. Aufbauend auf den Arbeiten der Reichs-Limeskommission wurden in den letzten Jahrzehnten umfangreiche Forschungen durchgeführt. Diese beruhen methodisch sowohl auf der sorgfältigen Analyse der oft schon seit Langem bekannten archäologischen und epigraphischen Quellen als auch auf den mit modernen Prospektionsverfahren durchgeführten Untersuchungen.

### Wachttürme

Wachttürme aus Holz und Stein prägen das Bild in der Öffentlichkeit und gelten nicht selten als *das* Symbol für das UNESCO-Welterbe Limes (S. 102 f. Abb. 12). Das auf den ersten Blick einheitliche Aussehen wurde bereits durch die Untersuchungen der Reichs-Limeskommission stark relativiert und konnte auch in der jüngeren Vergangenheit durch Ausgrabungen einzelner Turmstellen weiter differenziert werden (Abb. 9–10). Von den ca. 7 bis 9 m hohen Holztürmen mit rund 3 bis 6 m Seitenlänge haben sich in der Regel nur die massiven Eckpfosten und die kreisrunden oder quadratischen Gräben erhalten, die als Annäherungshindernis oder als Trauf- oder Entwässerungsgräbchen gedeutet werden. Bei einigen Türmen, vor allem am Odenwaldlimes, wurden auch Reste des Erdgeschosses aus Trockenmauerwerk und Balkenrosten beobachtet (WP 10/26), wodurch diese Holztürme nur zwei nutzbare Etagen besaßen (S. 102 f. Abb. 12 b, f). Die Eingänge lagen wohl grundsätzlich im ersten Obergeschoss, wo sich auch der Schlaf- bzw. Wohnbereich der Soldaten befand. Das zweite Obergeschoss diente als Wachstube. Ob die Türme, entsprechend den Darstellungen auf der Traians- und Markussäule (S. 101 Abb. 10–11), eine umlaufende Galerie besaßen, ist letztlich unklar. Am Odenwaldlimes (WP 10/33 und 35) haben sich Fensterstützen erhalten, die auf große Panoramafenster im Obergeschoss schließen lassen. Bei den Steintürmen konnte das Erdgeschoss auch als von oben begehbarer Vorratsraum ausgebaut werden. Reste von Kalkmörtel mit rotem Fugenstrich und Gesimssteine mit Inschriften zeigen zumindest entlang des Odenwaldlimes die repräsentative Ausgestaltung der Steintürme an. Bei einigen Wachtturmstellen (z. B. WP 3/52, WP 12/70 oder WP 15/23) kann die Abfolge der einzelnen Ausbauphasen im Befund klar nachvollzogen werden (Abb. 9–10). An einigen Abschnitten wurden Palisaden- bzw. Zaungräbchen um die Türme herum entdeckt (z. B. WP 8/34), was eine mögliche fortifikatorische Funktion vor der Errichtung der durchgehenden Palisade belegen könnte. Nachweise von zwei Holz- oder Steintürmen an der gleichen Stelle (z. B. WP 3/59, 61, 63) deuten auf Zerstörungen oder Baufälligkeit hin.

### Alltag auf den Wachttürmen

Schon bei den Grabungen der Reichs-Limeskommission wurden an mehreren Turmstellen Befunde und Funde beobachtet – Mühlsteine, Vorratsgefäße oder Feuerstellen –, die auf einen längeren Aufenthalt der Turmbesatzungen von etwa drei bis sechs Mann hindeuteten. Ausgehend von neueren Untersuchun-

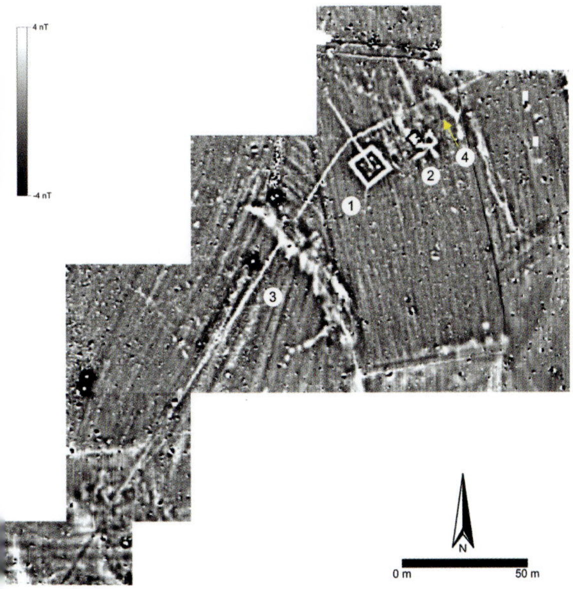


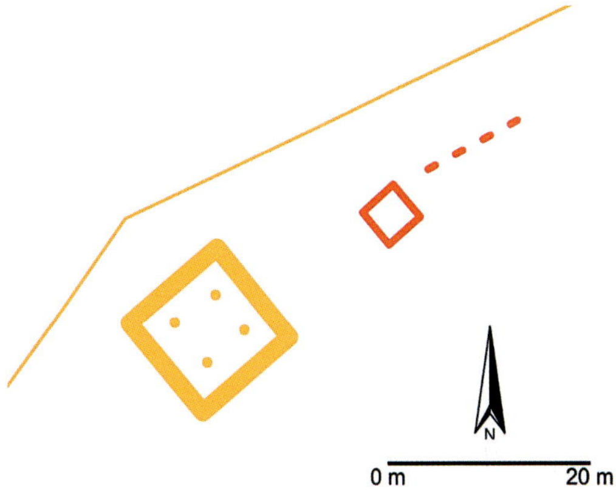


10 Geomagnetische Prospektion und Umzeichnung der Befunde am WP 12/70 bei Hüttlingen, Ostalbkreis. 1 Holzturm. – 2 Steinturm und weitere Baureste. – 3 Palisadengraben. – 4 Mauer.

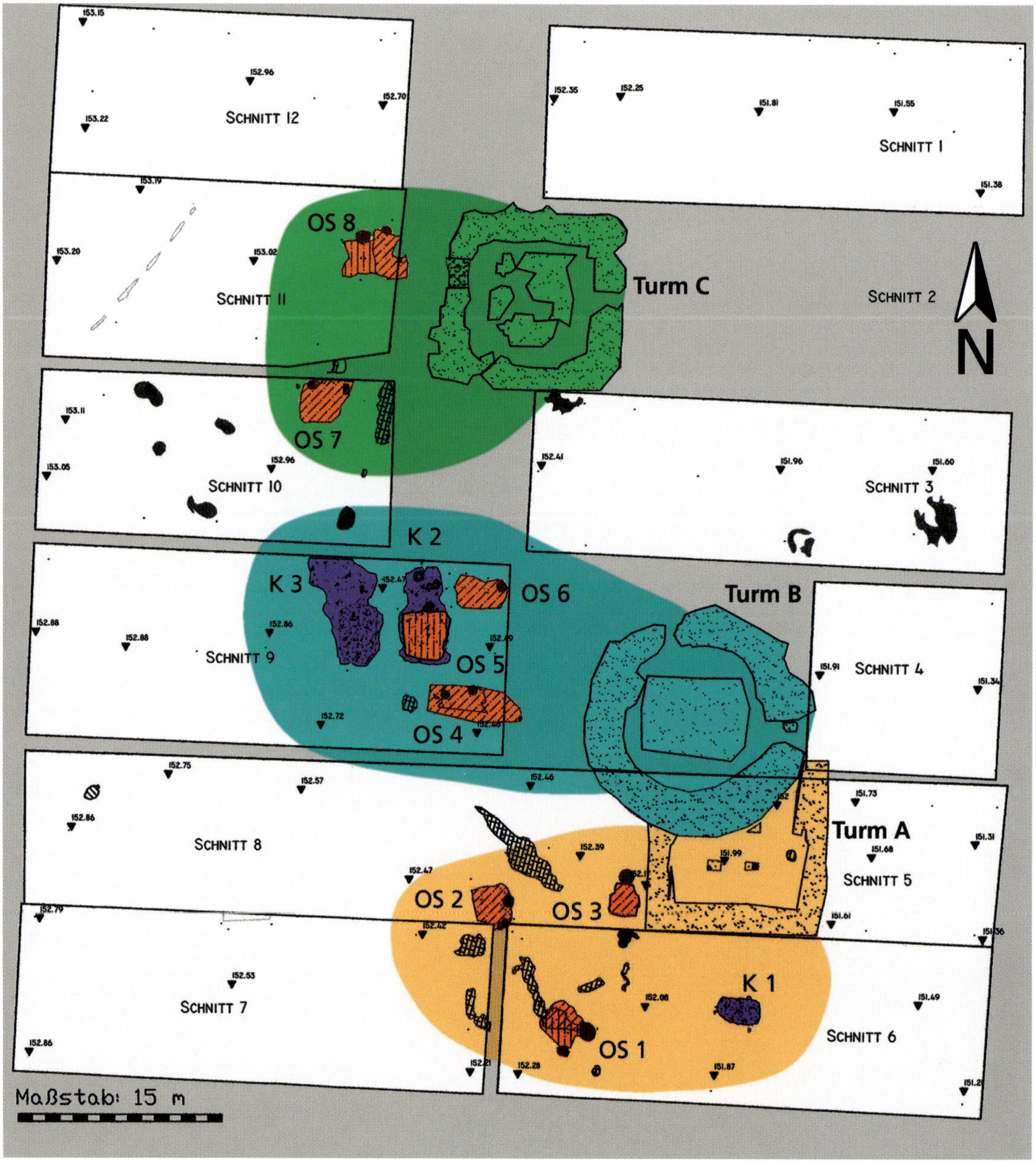


11 Grabungsbefunde der Wachtturmstelle WP 5/4 bei Ravolzhausen, Gemeinde Neuberg. Zuordnung der Einzelbefunde Keller (K) und Ofenstellen (OS) zu den Türmen A bis C.

gen ergibt sich inzwischen ein differenziertes Bild des Alltagslebens an der Grenze. Bei der Ausgrabung der Turmstelle WP 5/4 (Abb. 11) konnten neben den beiden Holztürmen und einem Steinturm Erdkeller, Grubenhäuser, Vorratsgruben und Backöfen nachgewiesen werden, die auf einen längeren Aufenthalt der Turmbesatzungen und eine gewisse Selbstversorgung hindeuten. Analysen des Tierknochenmaterials von mehreren Wachtturmstellen lassen zudem auf eine Fleischversorgung mit bereits zerteiltem Fleisch vor allem von Schweinen, seltener von Rindern schließen. Der Hauptanteil an Knochen stammt allerdings von Schafen und Ziegen, die anscheinend lebend bei den Türmen gehalten wurden, um die Limesschneise durch Abweiden offen zu halten. In diesem Kontext könnten auch die nachgewiesenen Flechtwerkzäune am raetischen Limes (u. a. WP 14/18) oder aber auch einfache Einzäunungen um die Turmstellen herum (WP 10/8) interpretiert werden.

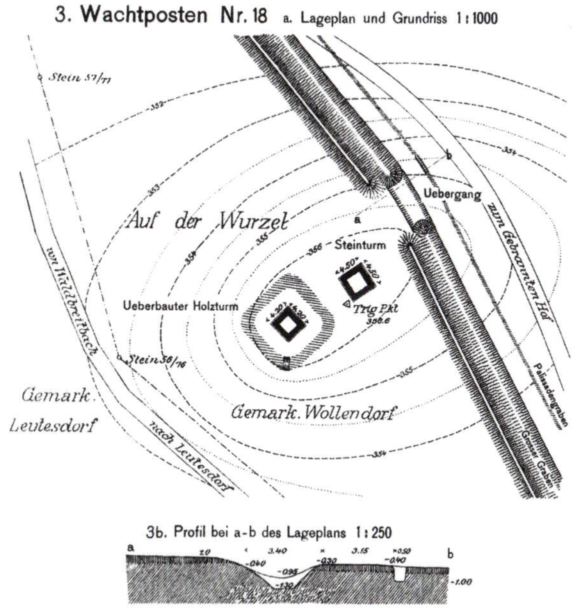


12 **Limesdurchgang bei WP 1/18, untersucht von der Reichs-Limeskommission.**

## Limesdurchgänge

Eine wichtige Bedeutung im Hinblick auf die Funktion des Limes als Kontrolllinie des Personen- und Warenverkehrs haben schließlich die Limesdurchgänge, die sich in Obergermanien und Raetien in größerer Anzahl erhalten haben. Sie kontrollierten zum einen die großen Verbindungswege in die germanischen Siedlungsgebiete im Lahntal (Limburger Becken), in Richtung Thüringen oder im Maingebiet, dienten aber si-

13 **Die doppelte Limespalisade mit Durchgang am WP 4/61 beim Kastell Arnsburg, Luftbild und Umzeichnung.**

14 Bauphase 2 (links) und 6 (rechts) des Limestores bei Rainau-Dalkingen.

cher auch der alltäglichen Kontrolle und Instandhaltung des Grenzstreifens jenseits der Palisade, bzw. von Wall und Graben oder Mauer. Beispiele kleinerer lokaler Übergänge finden sich u.a. am WP 1/8, WP 1/18 (Abb. 12) oder WP 14/12. Am WP 13/43 weisen zwei Bronzebuchstaben auf eine repräsentative Ausgestal-

15 Grundriss und Rekonstruktion des Kleinkastells Welzheim-Rötelsee.

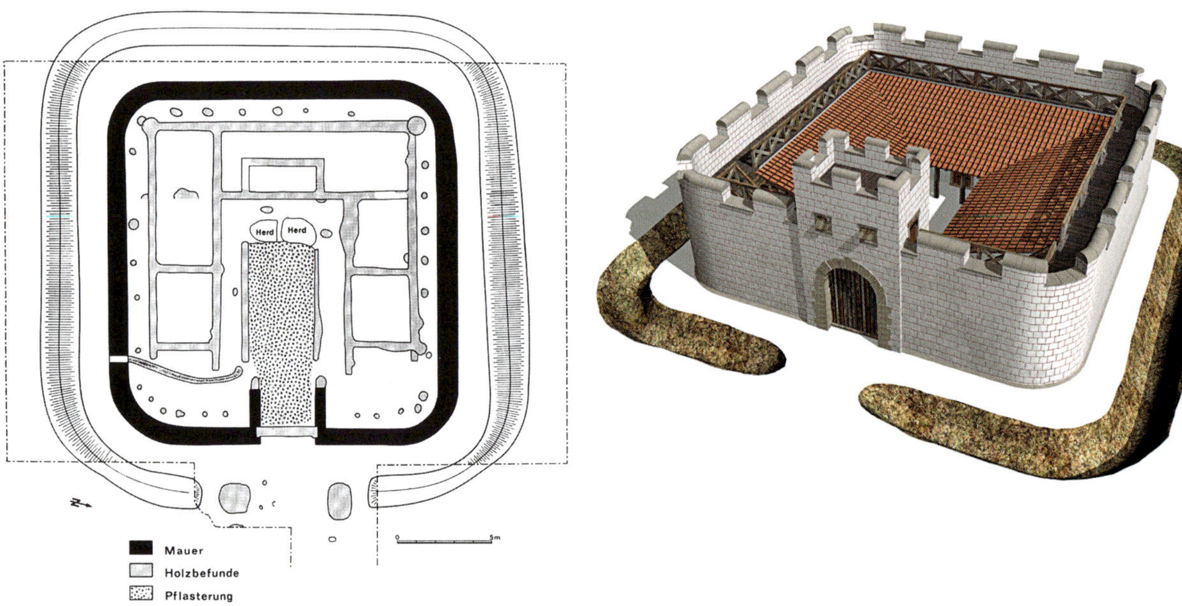

tung des immerhin 2,85 m breiten Durchganges hin. Am WP 4/61 beim Kastell Arnsburg konnte ein regelrechter Torbau nachgewiesen werden (Abb. 13), während beim Übergang auf dem Saalburgpass ein Wachhaus freigelegt wurde. Nach neueren Überlegungen könnten auch die altbekannten Erdschanzen dort mit den logistischen Aufgaben eines solchen bedeutenden Übergangs in Verbindung stehen. Der vermeintlich spektakulärste Limesübergang befindet sich an der Wachtturmstelle WP 12/81 bei Rainau-Dalkingen, wo ein zunächst einfacher Limesdurchlass in mehreren Phasen ausgebaut wurde und schließlich im Anschluss an den Caracallafeldzug des Jahres 213 n. Chr. eine triumphbogenartige Schaufassade erhielt (Abb. 14). Der herausragende Befund steht allerdings in Widerspruch zur der eher ungünstigen topographischen Situation, die nicht zu einem bedeutenden Limesübergang von Raetien aus in Richtung der germanischen Siedlungsgebiete im Maindreieck passen will.

### Kleinkastelle

Richtete sich der Fokus der Limesforschung lange Zeit auf Wachttürme und große Kohorten- und Alenlager, so gerieten in den letzten Jahrzehnten auch die kleineren Militärlager, so genannte Feldwachen oder Kleinkastelle, wieder stärker in das Blickfeld, von denen auch die Reichs-Limeskommission bereits zahlreiche lokalisiert und untersucht hatte. Bei diesen Anlagen lassen sich grundsätzlich zwei Größen unterscheiden. Die kleinen Anlagen, wie Holzheimer Unterwald, Holzkastell Pohl, Butzbach-Degerfeld und Welzheim-Rötelsee (Abb. 15), haben eine Fläche von ca. 300 bis 700 m² und besitzen nur ein Tor, das zur Limeslinie hin orientiert ist. Der Innenraum wurde soweit bekannt von einer U-förmigen Baracke eingenommen. Die Besatzung von ca. 16 bis 40 Mann war wohl keine selbständige Einheit, sondern von einem der größeren Nachbarkastelle abkommandiert. Die Lage an Taldurchgängen, kleinen Flüssen oder sonstigen Limesübergängen weist auf ihre Funktion im Kontext der Grenzkontrollen hin. Obwohl diese Kleinkastelle meist nicht genau datiert werden konnten, lassen sich Anlagen aus der Frühzeit des Limes, z. B. Pohl Phase 1 und Butzbach-Degerfeld Phase 1, bestimmen, während andere wie Mainhardt oder Welzheim-Rötelsee wohl eher ab Ende 2./Anfang 3. Jh. n. Chr. datieren. In den letzten Jahren seit der Welterbe-Auszeichnung 2005 konnten durch die systematische Prospektion des Limes mittels Airborne-Laserscanning vor allem in den Waldgebieten weitere bisher unbekannte Kleinkastelle ent-

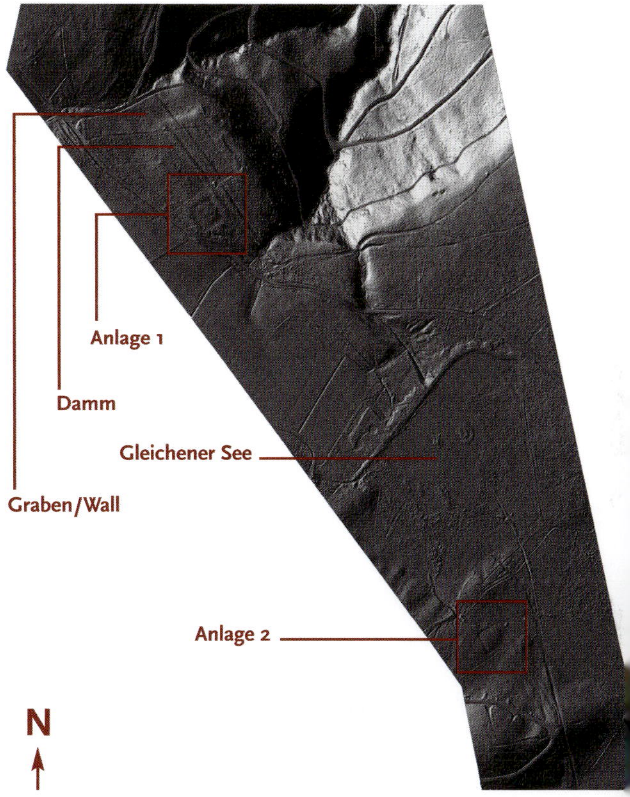


16 Geländemodell (nach Airborne-Laser Scanning) des Limesabschnitts zwischen WP 9/52 und 57 auf der Gemarkung Pfedelbach mit zwei bisher unbekannten mutmaßlichen Kleinkastellen.

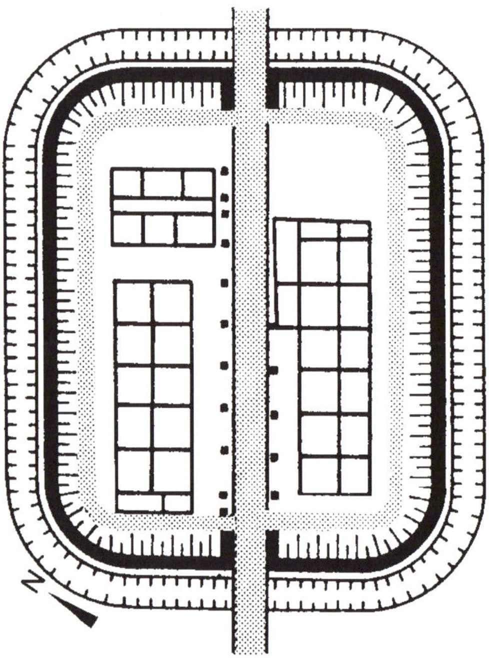

17 Schematisierter Grundriss des Kleinkastells Haselburg.

deckt werden (Abb. 16), wobei auch die neuzeitliche Datierung solcher rechteckiger Anlagen nicht grundsätzlich ausgeschlossen werden darf. Zu einer anderen Kategorie gehören die etwas größeren, mit zwei Toren ausgestatteten Kastelle wie zum Beispiel Hönehaus, Trienz oder die Haselburg (Abb. 17 und S. 38 f.). Sie hatten eine Größe von ca. 0,2–0,4 ha und waren mit rund 80 Mann, also einer *centuria*, besetzt, was auf ihre zumindest zeitweilige Selbständigkeit hindeutet. Ihre Innenbebauung mit Baracken und Spezialgebäuden scheint je nach ihren spezifischen Funktionen gestaltet gewesen zu sein. Erst im Jahr 2005 konnte die große Lücke in der Kastellkette an der Donau zwischen Regensburg und Straubing durch die Entdeckung des Kleinkastells bei Pfatter geschlossen werden. Einen Sonderfall stellt aufgrund seiner besonderen Form das Kastell Burgsalach dar, das Parallelen zu ähnlichen Wehrbauten in Nordafrika und Orient besitzt und wahrscheinlich erst in die Spätzeit des raetischen Limes ab dem zweiten Drittel des 3. Jh. n. Chr. datiert.

## Der Limes – Kastelle und Truppen

### Legionen

Die Legionen bildeten das Rückgrat der Grenzverteidigung. Sie stellten im Falle eines Feldzuges die Hauptstreitmacht und waren entlang der Außengrenzen mit verschiedenen logistischen Aufgaben betreut. In den Legionslagern der Provinzen Germania Inferior (Nijmegen, Xanten, Neuss, Köln, Bonn) und Germania Superior (Mainz, Straßburg, Mirbeau, Windisch, Rottweil) waren im Verlauf des 1. Jh. n. Chr. zunächst noch bis zu acht Legionen mit rund 40 000 Soldaten zeitgleich stationiert. Im Zuge der Umstrukturierun-

18 Ziegel mit Stempeln der *legio XXII Primigenia* aus Mainz und der *legio VIII Augusta* aus Straßburg.

gen unter Kaiser Traian Anfang des 2. Jh. n. Chr. wurde die Anzahl auf vier Legionen in Xanten, Bonn, Mainz und Straßburg reduziert. In Raetien wurde schließlich im Zuge der Markomannenkriege die *legio III Italica* stationiert. Sie lag ab ca. 170 n. Chr. in Eining-Unterfeld und bezog 179 n. Chr. ihr Standlager in Regensburg. Im 2. Jh. n. Chr. waren die *legio XXII Primigenia* aus Mainz und die *legio VIII Augusta* aus Straßburg maßgeblich an den verschiedenen Ausbaustufen des Limes beteiligt, wobei sich keine klare Abgrenzung der Zuständigkeitsbereiche nachweisen lässt. Die umfangreichen Baumaßnahmen sind durch Bauinschriften und Ziegelstempel (Abb. 18) in den Kastellen und Bädern belegt. So wurde z. B. in Osterburken das erste Kohortenkastell um 150/160 n. Chr. durch Abteilungen der *legio XXII Primigenia* aus Mainz errichtet, das Annexkastell dagegen um 185 n. Chr. durch die *legio VIII Augusta* aus Straßburg (Abb. 19). Inschriften vom Mainlimes aus Obernburg, Stockstadt und Trennfurt belegen dagegen den Einsatz von Holzfällerabteilungen der *legio XXII Primigenia* in den Jahren 206 bis 207 sowie 212 und 214 n. Chr. Einzelne Legionssoldaten waren zudem mit Sonderaufgaben an den Limes abkommandiert. Dazu gehören neben den *beneficiarii* auch *centuriones*, die als Kommandeure von Kohorten und *numeri* nachzuweisen sind (S. 41).

19 Oben: Bauinschrift der *legio XXII Primigenia* vom Kohortenkastell Osterburken. Unten: Bauinschrift der *legio VIII Augusta* vom so genannten Annexkastell Osterburken.

### Alen und Kohorten

Grundsätzlich waren am Limes Reitereinheiten (*alae*), Fußtruppen (*cohortes*) sowie gemischte Verbände aus Fußsoldaten und Reiterei (*cohortes equitatae*) stationiert (zu Bewaffnung und Ausrüstung vgl. S. 38; 48; 50; 65; 81; 83; 87; 90). Die Größe lag bei rund 500 bzw. 1000 Mann (*ala/cohors quingenaria/milliaria*). Im 2./3. Jh. n. Chr. sind für Obergermanien drei Alen, 23 Kohorten und 13 Numeri mit rund 17000 Soldaten überliefert, während in Raetien vier Alen und 13 Kohorten mit ca. 10000 Mann nachgewiesen werden können. Die genaue Zusammensetzung der Provinzheere kann dabei vor allem durch die erhaltenen Militärdiplome ermittelt werden, von denen für Nieder- und Obergermanien jeweils 15 und für Raetien 39 Beispiele aus der Zeit zwischen 74 und 168 n. Chr. überliefert sind (Abb. 20). Die Lokalisierung der Einheiten ist dagegen von den epigraphischen Belegen an den einzelnen Kastellplätzen abhängig, wobei an einigen Orten mehrere Einheiten nachgewiesen wurden, während die Belegung einzelner Kastelle noch unklar ist (S. 26 f.).

Das differenzierte Bild der überlieferten Einheiten spiegelt sich auch in den erhaltenen Kastellbauten wi-

## Auxiliartruppen am obergermanischen Limes im 2./3. Jh. n.Chr.

| | |
|---|---|
| Niederbieber | numerus Germanicanorum exploratorum Divitiensium<br>numerus Brittonum |
| Heddesdorf | cohors XXVI voluntariorum civium Romanorum |
| Niederberg | cohors VII Raetorum equitata |
| Holzhausen | cohors oder numerus Treverorum? |
| Zugmantel | cohors oder numerus Treverorum? |
| Alteburg-Heftrich | numerus Cattharensium |
| Feldberg | exploratores Halic(...) |
| Saalburg | cohors II Raetorum civium Romanorum |
| Kapersburg | numerus Nidensium |
| Friedberg | cohors I Flavia Damascenorum milliaria equitata sagittariorum |
| Langenhein | cohors I Biturigum equitata |
| Butzbach | ala Moesica |
| Arnsburg | cohors V Dalmatarum(?) oder cohors I Aquitanorum veterana equitata? |
| Echzell | ala I Flavia Gemina(?), cohors IIII Vindelicorum(?), ala Indiana? |
| Oberflorstadt | cohors XXXII voluntariorum civium Romanorum oder cohors V Dalmatarum? |
| Marköbel | cohors Augusta Cyrenaica? |
| Rückingen | cohors III Dalmatarum |
| Großkrotzenburg | cohors IIII Vindelicorum |
| Seligenstadt | cohors I civium Romanorum equitata |
| Stockstadt | cohors III Aquitanorum equitata, cohors II Hispanorum, cohors I Aquitanorum equitata |
| Niedernberg | cohors I Ligurum et Hispanorum civium Romanorum |
| Obernburg | cohors I Germanorum,<br>cohors IIII Aquitanorum equitata civium Romanorum |
| Wörth | numerus Brittonum et exploratorum Nemanigensium |
| Trennfurt | numerus? |
| Miltenberg | cohors I Sequanorum et Rauracorum equitata,<br>exploratores Triputienses,<br>numerus exploratorum Seiopensium |
| Walldürn | exploratores Stu..., Brittones? |
| Osterburken | cohors III Aquitanorum equitata civium Romanorum,<br>numerus Brittonum Elantiensium |
| Jagsthausen | cohors I Germanorum civium Romanorum |
| Öhringen | cohors I Helvetiorum, cohors I Septima Belgarum,<br>numerus Brittonum Cal(...),<br>numerus Brittonum Murrensium, numerus Brittonum Aurelianensium |
| Mainhardt | cohors I Asturum equitata |
| Murrhardt | cohors XXIIII voluntariorum civium Romanorum,<br>exploratores Tribocorum et Boiorum |
| Welzheim | ala I Scubulorum<br>numerus Brittonum L(...) |
| Lorch | cohors XXX voluntariorum civium Romanorum(?), cohors Dalmatarum(?), cohors I Aquitanorum? |

## Auxiliareinheiten am raetischen Limes im 2./3. Jh. n. Chr.

| | |
|---|---|
| Schirenhof | cohors I Raetorum |
| Unterböbingen | cohors VI Lusitanorum? |
| Aalen | ala II Flavia milliaria |
| Rainau-Buch | cohors III Thracum veterana? |
| Halheim | Auxiliarvexillation? |
| Ruffenhofen | cohors III Batavorum equitata(?), cohors IX Batavorum milliaria equitata? |
| Dambach | Auxiliarvexillation? |
| Gnotzheim | cohors III Thracum civium Romanorum |
| Theilenhofen | cohors III Bracaraugustanorum civium Romanorum |
| Gunzenhausen | Auxiliarvexillation? |
| Weißenburg | ala I Hispanorum Auriana, cohors IX Batavorum milliaria equitata? |
| Ellingen | Auxiliarvexillation? |
| Oberhochstatt | Auxiliarvexillation? |
| Böhming | Auxiliarvexillation? |
| Pfünz | cohors I Breucorum civium Romanorum |
| Kösching | ala I Augusta Thracum, ala I Flavia Gemelliana |
| Pförring | ala I Flavia singularium civium Romanorum |
| Eining | cohors IIII Gallorum, cohors III Brittanorum equitata |
| Regensburg-Kumpfmühl | cohors II Aquitanorum civium Romanorum |
| Straubing-West | cohors II Raetorum civium Romanorum, cohors III Batavorum |
| Straubing-Ost | cohors I Flavia Canathenorum milliaria sagitariorum |
| Künzing | cohors V Bracaraugustanorum, cohors IIII Tungrorum? |
| Passau-Altstadt | cohors IX Batavorum equitata milliaria |

der. Während bei den Ausgrabungen der Reichs-Limeskommission oft nur die Umwehrungen der Kastelle und Teile des Stabsgebäudes untersucht wurden, kam es vor allem seit den 1960er- und 1970er-Jahren auch zu größeren Flächengrabungen in den Kastellen. So konnte das Donaukastell Künzing vollständig ausgegraben und publiziert werden. Weitere ausführliche moderne Untersuchungen liegen u. a. zu den Kastellen Heldenbergen, Altenstadt, Jagsthausen, Welzheim, Heidenheim bzw. Aalen, Weißenburg, Eining und Regensburg-Kumpfmühl vor. Die modernen Prospektionsmethoden der Geomagnetik und Geoelektrik ermöglichten in den letzten Jahren zudem detaillierte Einblicke in die Bebauung insbesondere der Kastelle, die nicht modern überbaut wurden. Zu nennen sind hier vor allem Arnsburg, Rainau-Buch und Ruffenhofen (Abb. 21). Über die regelhafte Bebauung hinaus ergibt sich hierbei eine Fülle von Einzelbeobachtungen, von denen als besonders signifikantes Beispiel der Nachweis der Reiterbaracken anhand der Jauchegruben der Ställe genannt werden kann.

### Numeri

Eine spezifische Kastellgattung am Limes stellen die so genannten Numeruskastelle dar, wobei die Ausgrabungen und Untersuchungen zu den Kastellen Ka-

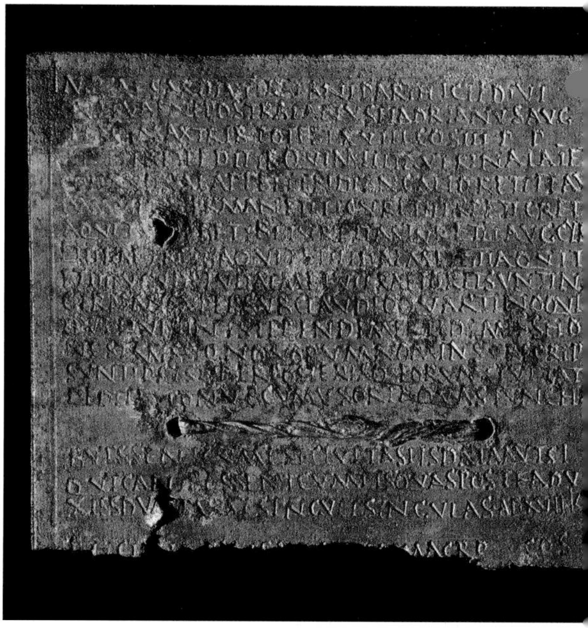

20 Außen- und Innenseite eines Militärdiploms aus Neckarburken, ausgestellt im Jahr 134 n. Chr. Genannt werden 16 Einheiten. Der Name des Empfängers ist nicht erhalten.

21 Magnetometerprospektion des Kastells Ruffenhofen.

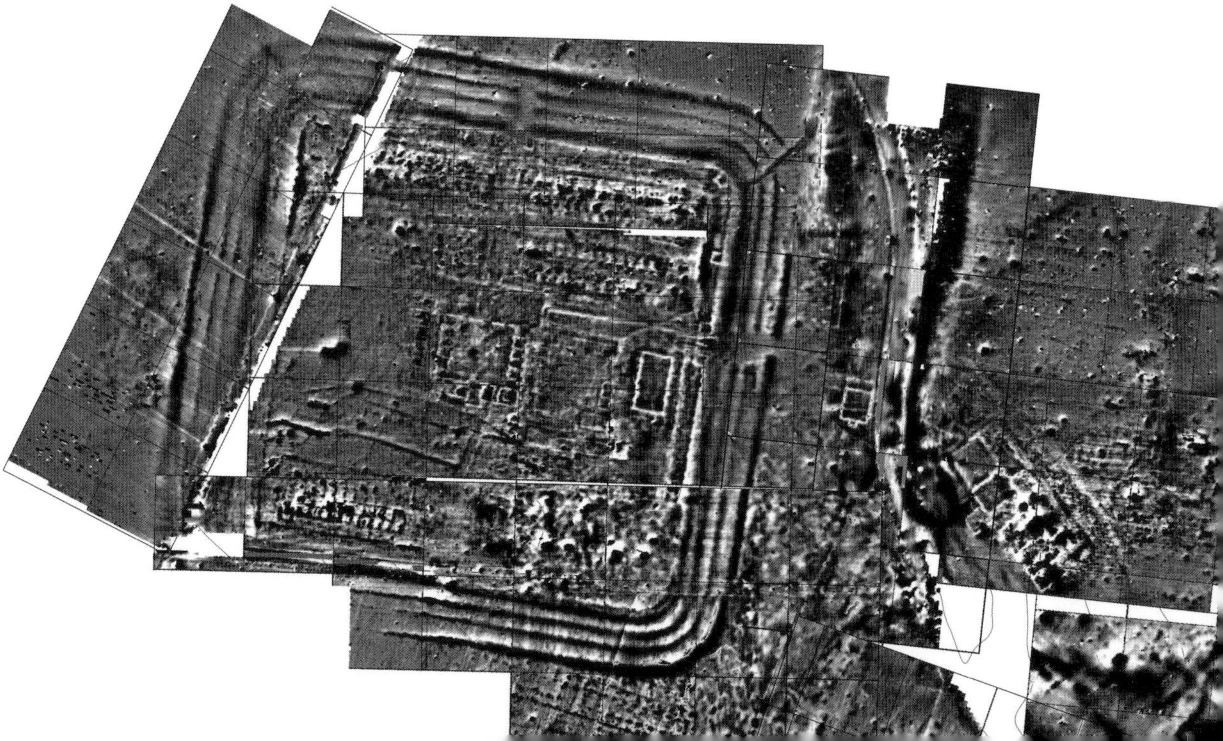

persburg, Hesselbach, Inheiden oder Walheim-Kastell 2 in Obergermanien sowie Ellingen in Raetien wichtige neue Erkenntnisse erbrachten (Abb. 22–23). Die Anlagen haben eine durchschnittliche Größe von 0,6 bis 0,8 ha und waren in der Regel mit 120 bis 160 Mann belegt, die in zwei bis vier Zenturien unterteilt waren. Die Selbständigkeit der Einheiten ist unterschiedlich zu beurteilen, da es Kastelle mit (Hesselbach) und ohne (Ellingen) Stabsgebäude gibt. Die Innenbebauung des Kastells 2 in Walheim weist auf seine Funktionen im Rahmen der Nachschuborganisation hin. Wichtige Erkenntnisse zur Einordnung dieser Anlagen erbrachte die Analyse der Numerusinschriften. Demnach können am Limes so genannte ethnische *numeri* und Vexillationsnumeri unterschieden werden. Zur ersten Gruppe gehören die in Obergermanien nachweisbaren *numeri Brittonum*, die wahrscheinlich in einer Gesamtzahl von etwa 1500 bis 2000 Soldaten ab Anfang des 2. Jh. n. Chr. an den neu zu errichtenden Limes aus Britannien abkommandiert wur-

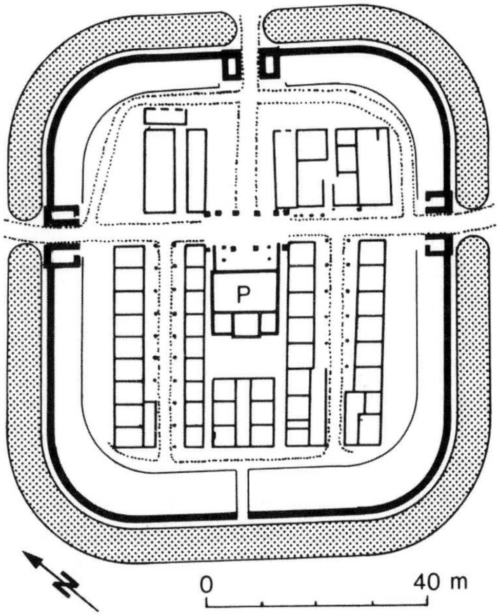


22 Schematisierter Grundriss des Numeruskastells Hesselbach, Periode 2 um 130 n. Chr..

23 Rekonstruktion der Bauperiode 2 des Kastells Ellingen, ab 180/190 n. Chr.

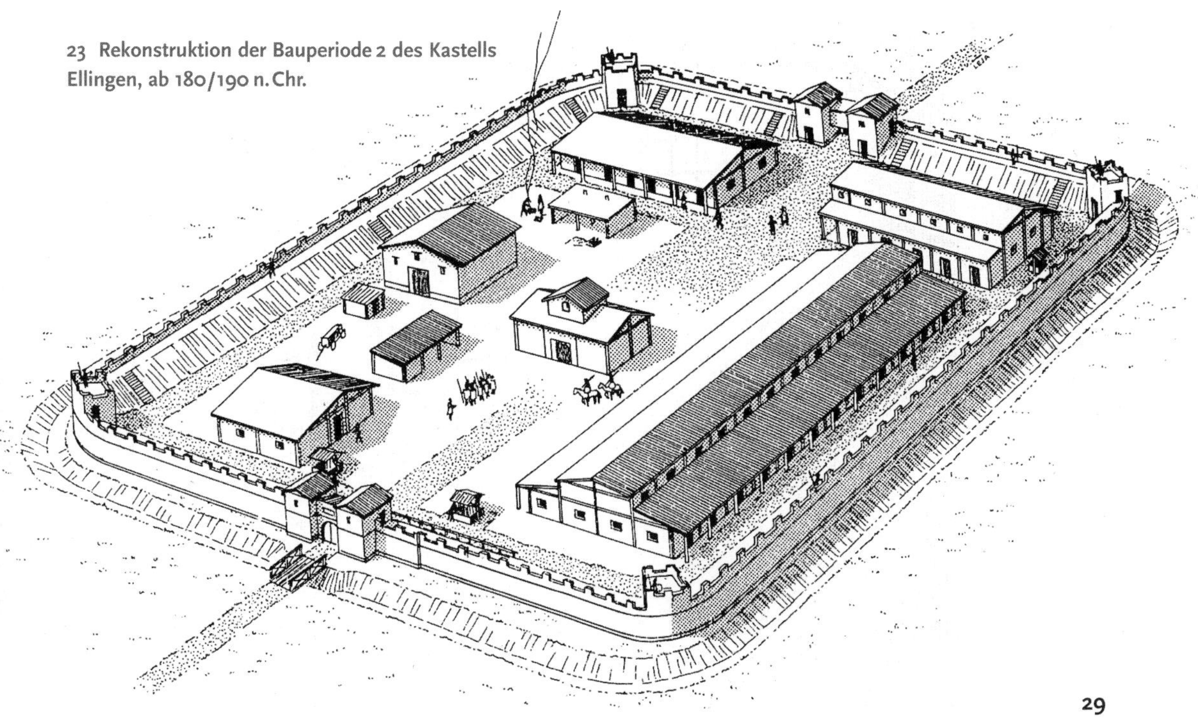

den und hier in Einheiten von ca. 100 bis 200 Mann unter der Führung von Legionszenturionen in kleineren Kastellen stationiert waren (S. 41). Sie trugen in der Regel Beinamen, die von lokalen Örtlichkeiten abgeleitet wurden (z. B. der *numerus Brittonum Elantiensium* in Neckarburken und Osterburken). Ihre Haupteinsatzgebiete lagen am Odenwaldlimes bzw. am Main und am südlichen vorderen Limes in Obergermanien. Im Taunus lassen sich dagegen so genannte Vexillationsnumeri nachweisen, deren Anzahl und Größe sich im Laufe des 2. bis zum Beginn des 3. Jh. n. Chr. erhöhte. Aus Raetien fehlen dagegen bisher entsprechende Inschriften. In den dort von der Größe her als Numeruskastelle klassifizierten Militäranlagen wie Halheim, Dambach, Gunzenhausen, Ellingen oder Böhming werden wahrscheinlich Auxiliarvexillationen gelegen haben, die spezielle Aufgaben im Rahmen der Grenzkontrolle übernahmen.

## Der Limes – Kastelldörfer

Die römische Armee war in den Grenzprovinzen an Rhein und Donau der entscheidende Faktor der zivilen, insbesondere der wirtschaftlichen Entwicklung. Die rund 40 000 Soldaten in den Legionslagern und den Kastellen am Limes mussten mit allem Notwendigen versorgt werden, wofür über die Soldzahlungen nach grober Schätzung pro Jahr rund 70 Millionen Sesterzen bzw. 17,5 Millionen Denare zur Verfügung standen. Ein besonderes Spiegelbild der zivilen Entwicklung am Limes stellen die Kastelldörfer dar. Aufarbeitungen alter Grabungen, große Flächengrabungen der 1970er- bis 1980er-Jahre und aktuelle großflächige Prospektionen erbrachten zum Aussehen und zur Struktur dieser Siedlungen eine Fülle von Erkenntnissen. Zu nennen sind hier besonders die Ausgrabungen in den *vici* der Kastelle Niederbieber, Zugmantel (Abb. 24), Saalburg, Jagsthausen, Rainau-Buch und Dambach sowie die Prospektionen in den Kastelldörfern Arnsburg, Rainau-Buch, Ruffenhofen und Theilenhofen (Abb. 25). Dabei kann allgemein festgehalten werden, dass die Kastellvici zeitgleich mit den Kastellen angelegt wurden, wobei nicht selten deren Vermessungsraster, wie z. B. in Jagsthausen, auf das Vicusareal ausgedehnt wurde. Die zivile Bebauung erstreckte sich grundsätzlich entlang der Ausfallstraßen der Kastelle sowie teilweise an einer Ringstraße um das Lager herum. Vor den Toren gab es, wie beim Zugmantel-Vicus, platzartige Erweiterungen, die sicher als Marktplätze dienten. Die regelmäßige Bebauung bestand aus langrechteckigen Parzellen mit bis zu 100 m Länge, auf denen bis zu 30 m lange Streifenhäuser standen. Diese besaßen nach vorne zur Straße hin einen Laden oder eine Werkstatt, während im hinteren Teil die Wohnbereiche und einfache Wirtschaftsgebäude, Brunnen, Ställe etc. folgten. Bei den Kastelldörfern von Jagsthausen und Stockstadt konnten sogar insulaartige Strukturen wie bei größeren städtischen Siedlungen nachgewiesen werden. Schließlich haben sich bei einigen dieser Siedlungen wie in Niederbieber und Arnsburg Hinweise auf eine Einzäunung oder Umfriedung der Siedlungen erhalten, deren genaue Deutung aber offen ist.

Nach den archäologischen Funden lebte die Bevölkerung vor allem von Handwerk, Handel und Dienstleistungen, wobei die jeweilige Kastellbesatzung der Hauptabnehmer war. Hinweise auf Landwirtschaft fanden sich nur selten, da die Versorgung mit Lebensmitteln und Tieren über die Landgüter (*villae rusticae*) erfolgte. Diese lagen auf den fruchtbaren Gebieten im Hinterland des Limes, u. a. in der Wetterau, am Neckar, entlang der Donau oder im Nördlinger Ries, und wurden ebenfalls annähernd zeitgleich mit dem Bau der Kastelle Anfang des 2. Jh. n. Chr. gegründet. Das Zusammenspiel von *vici* und *villae rusticae* steht dabei für die arbeitsteilige, auf Überschussproduktion ausgerichtete römische Wirtschaftsweise, die auch am Rande des Imperiums Gültigkeit besaß.

Innerhalb der Kastelldörfer wurden regelhaft bestimmte Spezialbauten nachgewiesen. Dazu gehören

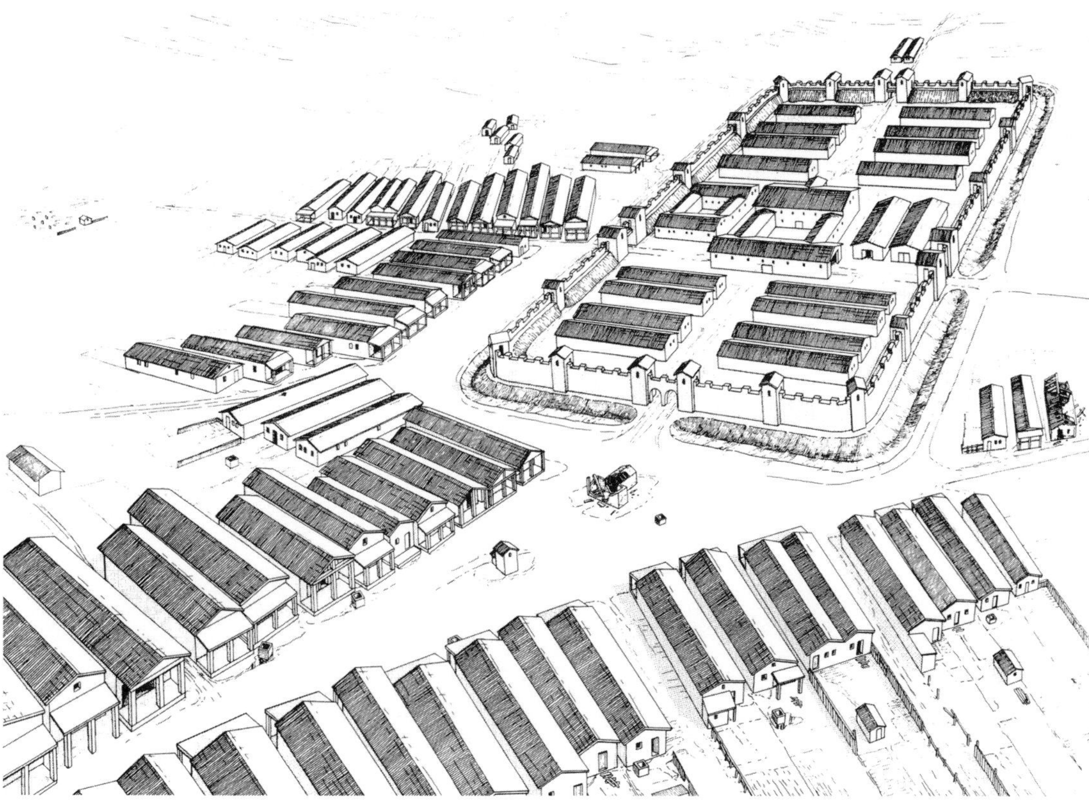

24 **Rekonstruktion des Kastellvicus vom Zugmantel.**

vor allem die Bäder (Abb. 26), die nach den gefundenen Ziegelstempeln und Inschriften zwar von der Armee errichtet, aber gemeinsam von Soldaten und Zivilisten genutzt wurden. Entlang des Limes konnten in den letzten Jahrzehnten zahlreiche dieser Bäder untersucht werden, die alle dem so genannten „Reihentypus" angehören, bei dem die Funktionsräume hintereinander angeordnet sind. Ihre Größe richtete sich nach der Anzahl der Soldaten bzw. der Bewohner, sodass vom Alenlager in Weißenburg bis zu den kleinen Numeruskastellen die Flächen zwischen ca. 2500 und 50 m² schwanken können. Besonders zu erwähnen sind die umfangreichen Untersuchungen der Kastellbäder in Weißenburg, Rainau-Buch, Schwäbisch-Gmünd, Osterburken und Walheim-Kastell 2.

Neben den Bädern finden sich in den Kastelldörfern immer wieder auch größere Steingebäude, z. B. auf der Saalburg oder in Rainau-Buch und Ruffenhofen, die auf eine öffentliche Funktion entweder im Kontext der Kastellverwaltung (Wohn- oder Gästehaus) oder als Handelsforum bzw. Kaufhaus hindeuten könnten. Als besondere Entdeckungen gelten schließlich Amphitheater am Rande der Zivilsiedlungen in Arnsburg, Dambach und Künzing sowie die ungewöhnlichen Spuren eines großen Platzes (*forum*?) und einer Art szenischem Theater im *vicus* von Theilenhofen (Abb. 25).

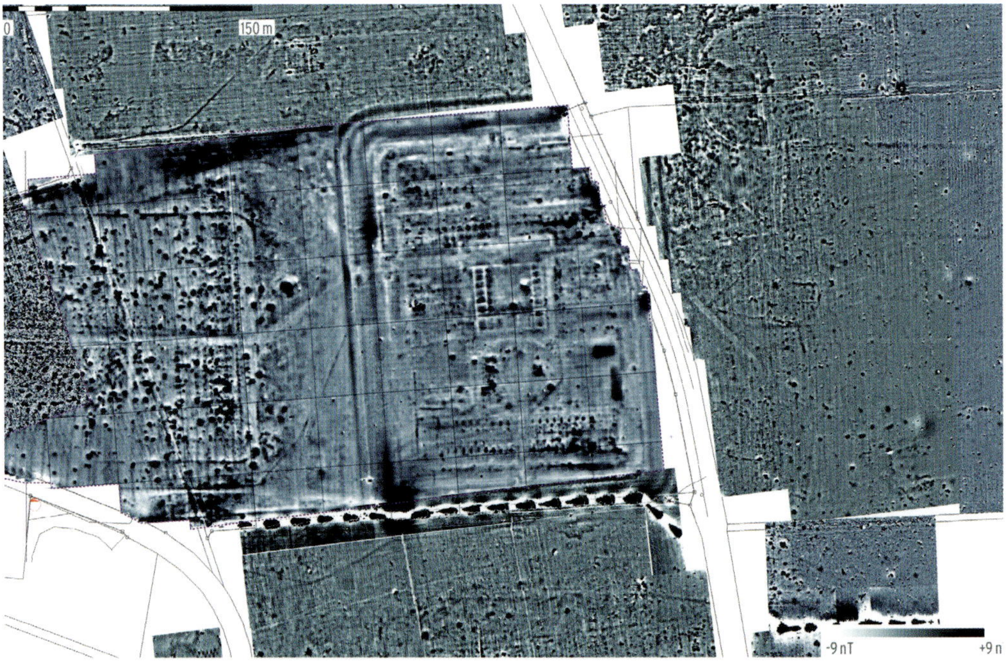
0
150 m
-9 nT
+9 n

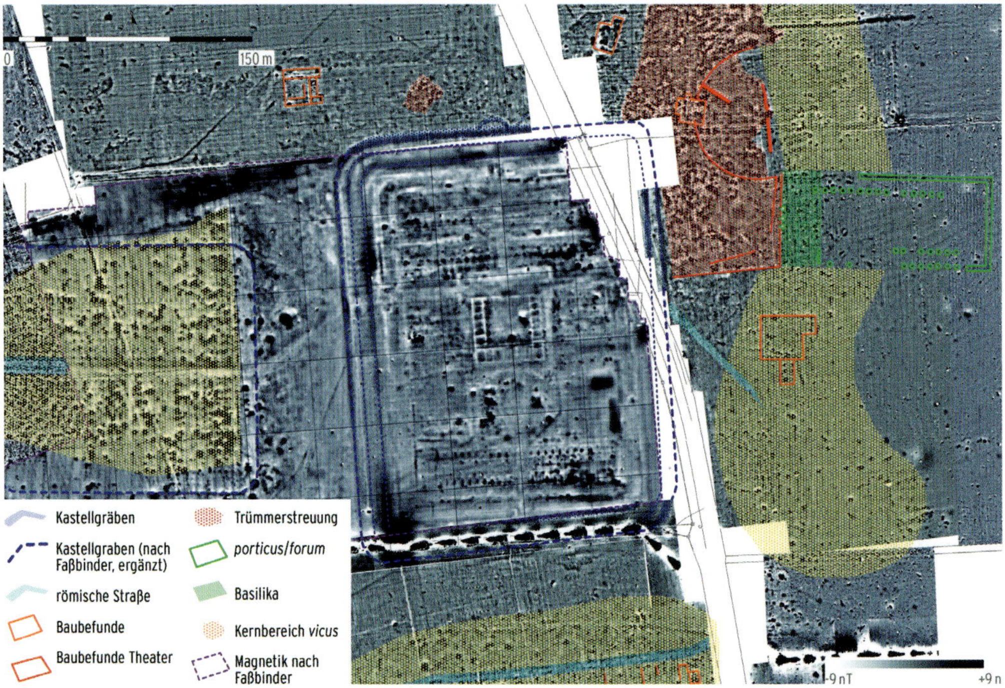
0
150 m
Kastellgräben
Kastellgraben (nach Faßbinder, ergänzt)
römische Straße
Baubefunde
Baubefunde Theater
Trümmerstreuung
porticus/forum
Basilika
Kernbereich vicus
Magnetik nach Faßbinder
-9 nT
+9 n

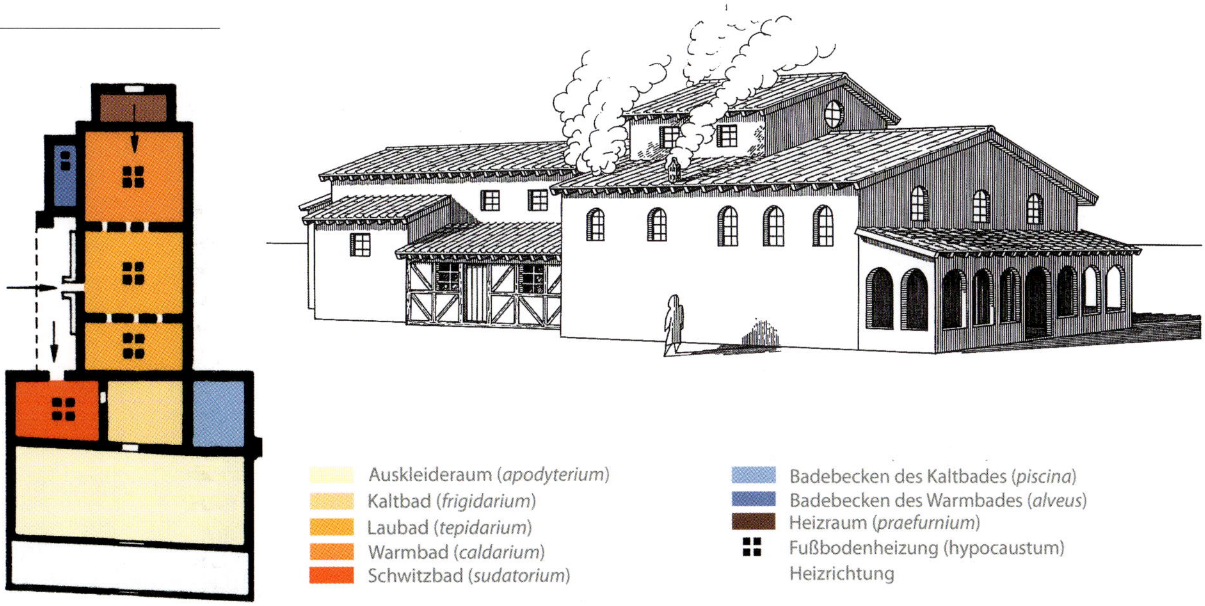


**26 Plan und Rekonstruktion der Bauphase 3 des Kastellbades von Rainau-Buch.**

## Der Limes – Rekruten und Veteranen

Traten die Soldaten in der Eroberungsphase des 1. Jh. n. Chr. noch primär als militärische Aggressoren auf, so wandelte sich ihre Rolle ab dem 2. Jh. n. Chr. hin zu entscheidenden Trägern der Romanisierung und Integration. Die persönlichen Bindungen der Soldaten zur Zivilbevölkerung als Folge der standortnahen Rekrutierung sowie der Veteranenansiedlung im Umfeld ihrer Garnisonen wirkten dabei als wichtige Katalysatoren.

Allgemein wird heute davon ausgegangen, dass anders als noch im 1. Jh. im Laufe des 2. Jh. n. Chr. die Legionen und Hilfstruppen ihre Soldaten eher im Umland der Garnisonsorte bzw. in der Provinz oder den direkten Nachbarregionen rekrutierten und nicht mehr in den ursprünglichen Herkunftsgebieten der Einheiten. Die Analyse der auf Inschriften und in Graffiti überlieferten Namen bestätigt zwar grundsätzlich diese These, beweist aber ebenso, dass auch weiterhin reichsweite Rekrutierungen möglich waren. So finden sich z. B. im Namensmaterial der *ala II Flavia* in Heidenheim und Aalen Hinweise auf afrikanische oder spanische Rekruten (Abb. 27). Weitere Indizien liefern die Fundorte von Militärdiplomen der Provinzarmeen, wobei davon ausgegangen wird, dass deren Besitzer nach dem aktiven Dienst zum Teil wieder in ihre Heimatgebiete zurückkehrten. Während die zur Zeit 39 bekannten Diplome des raetischen Heeres fast alle in Raetien selbst oder den westlichen Nachbarprovinzen gefunden wurden, stammt ein Teil der insgesamt 30 niedergermanischen und obergermanischen Diplome aus Dakien und Thrakien. Ein Befund, der sich mit der größeren Anzahl thrakischer Soldaten in den niedergermanischen Legionen deckt. Das in den Diplomen häufig mit verliehene *conubium*, die Möglichkeit, eine nach römischem Recht gültige Ehe einzugehen bzw. ei-

**25 Magnetometerprospektion des Kastellvicus von Theilenhofen mit Resten einer großen Platzanlage (grün: porticus/formum) und eines szenischen Theaters (rot: Baubefunde Theater).**

27 Militärdiplom des aus Afrika stammenden Reitersoldaten Quintus der *ala II Flavia* aus dem Jahr 157 n. Chr., gefunden in Faimingen an der Donau.

ne bestehende zu legitimieren, brachte auch den Kindern der Soldaten das römische Bürgerrecht ein. Ein Vorgang, der zeigt, dass zahlreiche Soldaten bereits während ihres aktiven Dienstes eine Familie gründeten und damit sicher noch enger mit ihrem Stationierungsort bzw. der Region verbunden waren.

Bekräftigt wird das durch den Befund, dass ein Großteil der Militärdiplome in den Kastelldörfern gefunden wurde und nur ein kleinerer aus den *villae rusticae* stammt. Ein ähnliches Bild zeigen die Inschriften von Veteranen der Legionen und Hilfstruppen, die z. B. aus den Kastellvici von Stockstadt, Öhringen, Jagsthausen und Mainhardt sowie aus den städtischen Zentren entlang des Rheins vorliegen. Die engen Kontakte zu den Einheiten förderten mehrheitlich das berufliche Engagement der ehemaligen Soldaten im Bereich von Handel und Dienstleistungen und weniger im Bereich der Landwirtschaft. Die Interpretation von Waffenfunden in zivilen Kontexten des Hinterlandes gestaltet sich dagegen schwierig, kann aber im Einzelfall Hinweise auf die Ansiedlung von Veteranen geben. Die genauen Aktivitäten der ehemaligen Soldaten werden nur durch wenige Einzelschicksale überliefert. So hatte der Veteran der 22. Legion aus Mainz Gaius Longinius Speratus bei Großbottwar (Abb. 28), Kreis Ludwigsburg, Landbesitz, auf dem er einen Tempel mit Standbildern für Apollon und Sirona errichtete. Er ist aber wohl auch identisch mit dem Ziegeleibesitzer, der seine Produkte mit dem Kürzel GLP stempeln ließ und seine Ware entlang des Neckars verkaufte.

## Der Limes und die Germanen

Die Fokussierung auf die römischen Hinterlassenschaften verstellte in der Forschung über lange Zeit den Blick auf die Germanen jenseits des Limes, obwohl deren politische und gesellschaftliche Entwicklung maßgeblich für die römische Ausgestaltung der Grenzzone am Limes gewesen sein muss. In den letzten 20 Jahren wurden jedoch zahlreiche Untersuchungen durchgeführt, die das Verhältnis von Römern und Germanen im Kontext überregionaler Akkulturations- und Assimilierungsprozesse betrachten. So wurden im Zuge des DFG-Schwerpunktprogramms „Romanisierung“, aufbauend auf früheren Arbeiten, vor allem im Lahntal sowie auf der West-Ost-Achse vom Limes über Tauber- und Maintal bis ins Thüringer Becken, germanische Siedlungen und das Ausmaß ihrer Romanisierung im Vorfeld des römischen Limes untersucht. Dabei geriet auch die Verteilung germanischer Funde in den römischen Militärplätzen am Limes wieder stärker in den Blick, um aus der Zusammenschau Hinweise zum konkreten Ablauf des Austausches zwischen Römern und Germanen bzw. zur Struktur der römischen Grenzkontrollen zu erhalten, die sich auch in der taktischen Aufgliederung der Kastelle und Truppen widerspiegeln müsste.

Bei Betrachtung der germanischen Siedlungen jenseits des Limes fällt zunächst auf, wie unterschiedlich diese verteilt sind (Abb. 29). Während sie in Niedergermanien direkt an das rechte Rheinufer heranreichen, gibt es im direkten Limesvorfeld nur im Lahntal (Gießener Gruppe) grenznahe germanische Siedlungen. Am südlichen obergermanischen Limes und in Raetien gab es dagegen, nach heutigem Forschungsstand, auffällig leere Zonen von 25 bis 60 km Breite. Trotz der zum Teil vermeintlichen Nähe zeigen sich im archäologischen Fundmaterial aber kaum Anzeichen einer kulturellen Veränderung im Sinne einer Romanisierung der Germanen. So liegen in den Siedlungen des Lahntales zwar römische Funde vor, deren Anzahl bleibt aber gering und auf bestimmte Gattungen, wie z. B. Trinkgeschirr beschränkt. Auf der römischen Seite in den Kastellorten im Taunus und der benachbarten Wetterau lassen sich inzwischen ebenfalls zahlreiche germanische Funde und Befunde nachweisen, die seit dem 1. Jh. n. Chr. auf einen regen Kontakt zwischen Römern und Germanen schließen lassen. Allerdings handelt es sich dabei, wie z. B. bei den germanischen

28 Weiheinschrift des Veteranen der *legio XXII Primigenia* aus Mainz, Gaius Longinius Speratus, aus dem Jahr 201 n. Chr., gefunden in Großbottwar, Kr. Ludwigsburg.

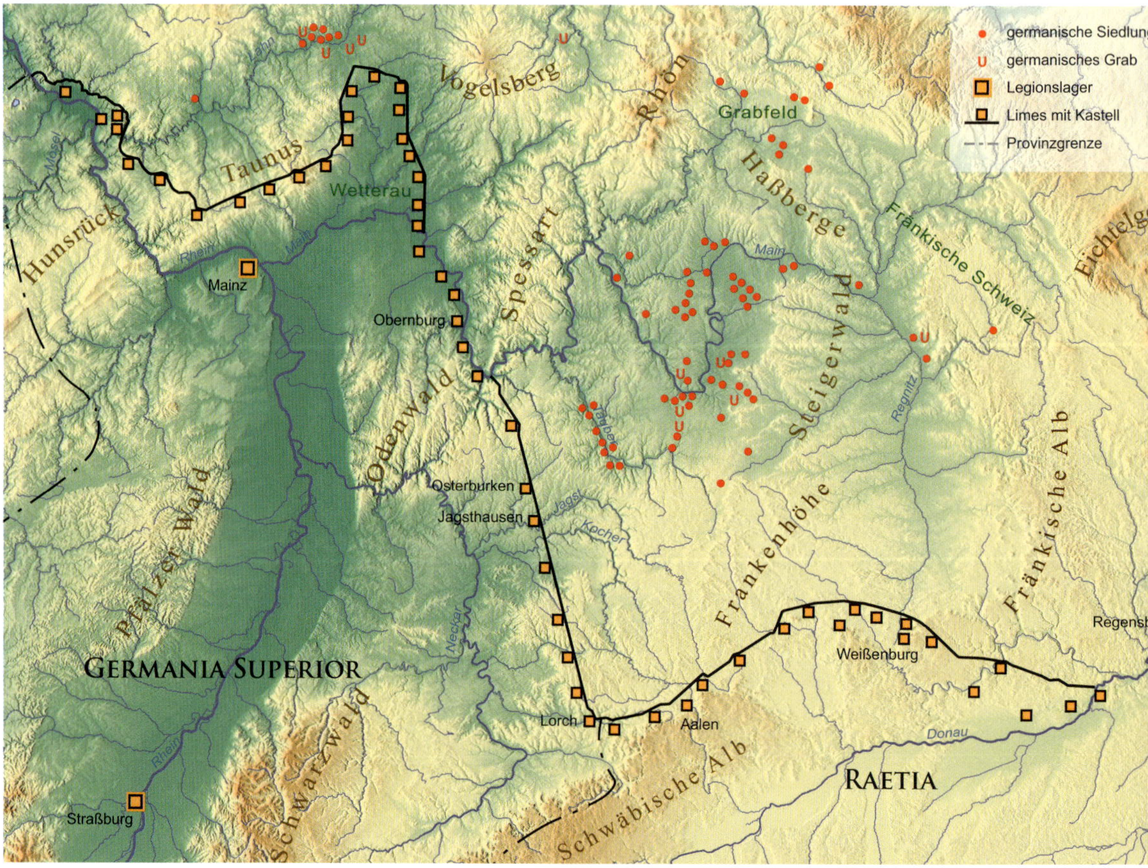


29 Die germanischen Siedlungsgebiete im Vorfeld des Obergermanisch-Raetischen Limes.

30 Römische Schüssel aus Terra sigillata und frei geformte germanische Schale aus der germanischen Siedlung bei Altendorf, Lkr. Bamberg.

Keramikfunden im *vicus* am Zugmantel, um Phänomene, die oft nur für wenige Jahrzehnte beobachtet werden können, was auf die große Mobilität der germanischen Bevölkerung hinweist. Ob es sich dabei um gezielt von den Römern um- oder angesiedelte Gruppen handelte, bleibt ebenso offen wie die Frage, in welcher Intensität diese Germanen an der Versorgung der Limestruppen beteiligt waren.

In den germanischen Siedlungen Mainfrankens lassen sich ebenfalls Bezüge zum römischen Reich nachweisen (Abb. 30). Ab der Mitte des 2. Jh. n. Chr., also zeitgleich mit der letzten Vorverlegung des Limes, lässt sich dort eine klare Siedlungsverdichtung sowie eine rege Einfuhr römischer Importgüter vom Trinkgeschirr bis hin zu Waffen belegen. Einige Details der Holzarchitektur sowie ein relativ hohes Münzaufkommen könnten sogar auf eine gewisse Übernahme römischer Lebensformen hindeuten, auch wenn es sicher nicht zu einer grundlegenden Romanisierung kam. Als germanische Importgüter müssen organische Waren oder auch Dienstleistungen durch Arbeitskräfte postuliert werden, ohne dass dies archäologisch nachzuweisen wäre.

Auf den ersten Blick erstaunlich erscheint der Umstand, dass der römisch-germanische Grenzaustausch gerade in der Zeit besonders intensiv war, als der Limes im 2. und frühen 3. Jh. n. Chr. systematisch ausgebaut wurde. Sieht man darin aber keine Verteidigungsmaßnahmen, sondern eine Optimierung der Kontrollmöglichkeiten durch Konzentration des Personen- und Warenverkehrs auf bestimmte Übergänge, so erscheint das römische Vorgehen nachvollziehbar. Dem regen Grenzaustausch am mittleren Obergermanischen Limes entsprechen die zum Teil durch Doppelkastelle gesicherten Plätze wie Osterburken oder Öhringen sowie die zahlreichen Beneficiarierstationen in den Kastellen der Limesstrecke von Großkrotzenburg bis Mainhardt (S. 44 f.). Die dorthin für ein halbes Jahr abkommandierten Legionssoldaten übernahmen spezifische Aufgaben im Rahmen der Grenz- bzw. Zollkontrolle. Auch das gehäufte Auftreten von Kundschaftereinheiten (*exploratores*) im Raum Miltenberg/Walldürn könnte mit der Kontrolle der hier im Vorfeld lebenden Germanen zu tun haben. Am Wetteraulimes scheinen dagegen solche Maßnahmen nicht notwendig gewesen zu sein, da die Germanen hier vielleicht einen vertraglich geregelten freieren Zutritt in die Provinz hatten (Abb. 31).

**31 Terra-sigillata-Scherbe mit germanischem Namensgraffito „Sueba" vom Zugmantel.**

Die hier nur kurz skizzierten Fallbeispiele germanisch-römischer Kontakte am Limes zeigen, dass die germanische Besiedlung ein maßgebliches Kriterium für die Struktur der militärischen Überwachung entlang des Limes war. Sie war aber sicher nur ein Faktor in dem breiten Spektrum der Aktionsmöglichkeiten römischer Außenpolitik, die von vertraglichen Vereinbarungen über die Zahlung von Subsidien bis hin zu militärischen Aktionen reichte, die dann im 3. Jh. n. Chr. durch die Feldzüge des Caracalla 213 n. Chr. und des Maximinus Thrax 235 n. Chr. eindrücklich belegt sind.

# Schwert mit Victoria-Darstellung

von Christian Fleer

Länge: 52 cm
Datierung: Ende 1./ Anfang 2. Jh. n. Chr.
Fundort: Reinhardsachsen, Neckar-Odenwald-Kreis
Aufbewahrungsort: Archäologisches Landesmuseum Baden-Württemberg, Stadt- und Wallfahrtmuseum Walldürn

Eine Holzkiste mit Werkzeugen, Waffen und Metallschrott, die offenbar dem Lagerschmied gehörte, enthielt unter anderem drei römische Langschwerter, so genannte *spathae*. Die ursprünglich von der Reiterei verwendete *spatha* löste ab dem ausgehenden 2. Jh. n. Chr. auch bei der Infanterie den kürzeren *gladius* als Standardwaffe ab. Alle drei Schwertklingen wurden gekürzt und wieder angespitzt. Man hat diese Umarbeitungen oder Reparaturen vorgenommen, um die offenbar im Bereich der Spitze abgebrochenen oder beschädigten Klingen weiter verwenden zu können. Parallelen zu derart gekürzten Schwertklingen kennen wir aus den Kastellen Niederbieber und Künzing.

Eines der Schwerter zeigt auf der Klinge eine figürliche Verzierung. Zu sehen ist eine schematisierte vorwärts schreitende Victoria mit aufgestellten Flügeln, einem Kranz und einem Palmzweig in den Händen. Die Figur wurde als Inkrustation in die Klinge eingelegt, eine Methode, bei der Draht aus einer Kupferlegierung in vorher in die Klinge gravierte Rillen eingehämmert wurde. Die Verzierung ist – wie stets bei den mit Inkrustationen verzierten Schwertern – auf dem oberen Klingenteil angebracht und weist mit ihrer Basis auf den Griff hin. Sie war also so ausgerichtet, dass der Schwertträger bei gezogenem Schwert die siegbringende Göttin richtig herum sah. Derartige Verzierungen von Schwertklingen kommen am Ausgang des 1. bzw. Anfang des 2. Jh. n. Chr. auf und werden in der zweiten Hälfte des 3. Jh. zunehmend seltener. Die Forschung geht heute davon aus, dass Schwertklingen mit Inkrustationen aus römischer Produktion stammen. Bei der Bergung fanden sich noch Reste des Beingriffs an der Griffangel, die heute nicht mehr erhalten sind.

**Literatur:** Karl Christian Fleer, Das Kastell Haselburg. Gemeinde Reinhardsachsen, Neckar-Odenwaldkreis. Materialhefte zur Archäologie in Baden-Württemberg 92 (Stuttgart 2011) 160–163.

# Olivenöl am Limes

**von Christian Fleer**

In der Brandschuttverfüllung eines unter dem Vorraum eines Contuberniums gelegenen Kellers wurden Bruchstücke einer Amphore vom Typ Dressel 20 gefunden. Solche Amphoren – etwa 75 cm hoch, mit einem Fassungsvermögen von ca. 70 l – wurden für den Transport von Olivenöl aus der *Hispania Baetica* (etwa das heutige Andalusien) verwendet. Der Fund belegt die Belieferung auch abgelegener und kleinerer Militärlager der germanischen Provinzen mit Olivenöl aus dem weit entfernten Spanien. Das große, schwere und unhandliche Gefäß ist wohl per Schiff über Rhein und Main in das 10 km nördlich gelegene Kastell Miltenberg-Altstadt geliefert worden und dann per Ochsenkarren auf die Haselburg gelangt.

Das Exemplar zeigt einen Herstellerstempel, der vor dem Brand der Amphore – *ante cocturam* – in den noch feuchten Ton gedrückt, und drei Inschriften, die nach dem Brand – *post cocturam* – in den harten Ton geritzt oder gefeilt wurden. Der im Stempel genannte Produzent DATZCOL brannte seine Amphoren in Azanaque-Castillejo, nordöstlich von Sevilla, in einer Gegend, die auch heute noch für ihre Olivenölproduktion bekannt ist. Faksimiles dieses Stempels wurden in Schichten des Monte Testaccio, des „Scherbenberges" in Rom gefunden, die in die Zeit des Kaisers Antoninus Pius datieren (138–161 n. Chr.). Auf den Henkeln sind zwei Einritzungen erkennbar, die den Inhalt in den römischen Maßen *modius* und *sextarius* angeben; neben dem Stempel IVI = VII, auf dem zweiten Henkel IIII, also 7 *modii* = 61,18 l und 4 *sextarii* = 2,18 l, insgesamt 63,36 l. Auf der Schulter der Amphore ist eingeritzt: [---]MB M AT oder MB AT, offenbar der Name des Eigentümers der Amphore.

Höhe: noch 52 cm
Datierung: 2. Jh. n. Chr.
Fundort: Reinhardsachsen, Neckar-Odenwald-Kreis
Aufbewahrungsort: Archäologisches Landesmuseum Baden-Württemberg

Ursprünglich waren weitere Angaben mit schwarzer Tinte aufgepinselt, so genannte *tituli picti*. Diese nannten das Leergewicht, Ölgewicht, den Namen des Händlers, die Herkunft des Öls und staatliche bzw. steuerrechtliche Angaben, ganz so, wie wir das heute von Lebensmitteletiketten kennen. Sie sind hier nicht erhalten.

**Literatur:** Karl Christian Fleer, Das Kastell Haselburg. Gemeinde Reinhardsachsen, Neckar-Odenwaldkreis. Materialhefte zur Archäologie in Baden-Württemberg 92 (Stuttgart 2011) 437.

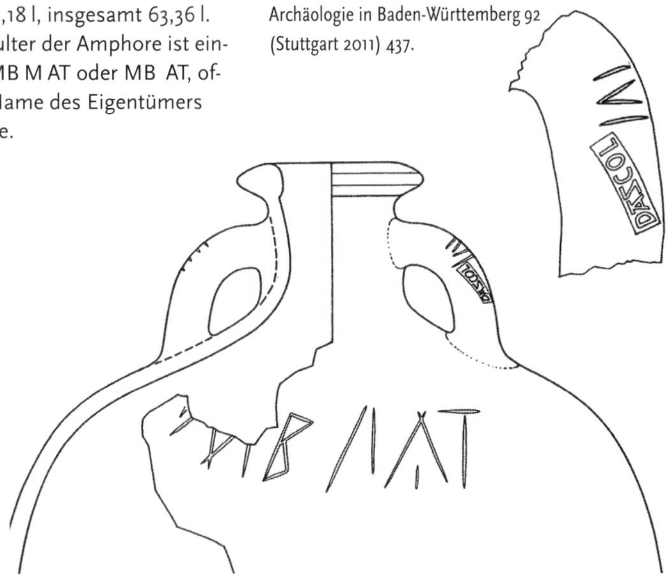

# Bronzegefäße als Altmetall?

von Lydia Walter

Kessel: Höhe 18,8 cm;
Randdurchmesser 26 cm
Schälchen: Höhe 4,4/4,7 cm;
Randdurchmesser 13,2/13,9 cm
Datierung: 3. Jh. n. Chr.
Fundort: Walldürn, Neckar-Odenwald-Kreis
Aufbewahrungsort: Archäologisches Landesmuseum Baden-Württemberg, Stadt- und Wallfahrtsmuseum Walldürn

Bei dem Bronzedepot aus dem Kastellvicus von Walldürn handelt es sich um ein reines Gefäßdepot. Es bestand ursprünglich aus zwei Schälchen und zwei Kesseln, wovon Fragmente des einen Kessels nicht mehr auffindbar sind. Gefunden wurde das Depot bei Ausgrabungen eines Kellers im Jahr 1982.

Der noch erhaltene Kessel ist aus einem Stück gearbeitet. Auf dem oberen Rand wurde ein Eisenband als Verstärkung aufgezogen. Zahlreiche Flickstellen finden sich besonders im Bereich des Bauches, der eine sehr dünne Wandung aufzeigt. Dennoch dürfte er nach der Reparatur nicht mehr dicht gewesen sein.

Die beiden Schälchen gehören zum Essgeschirr. An der Innenseite wurden sie verzinnt, was dafür spricht, dass sie mit scharfen oder stark gewürzten Speisen in Berührung kamen. Die recht große Ähnlichkeit ließ zunächst vermuten, dass sie eventuell aus derselben Produktion stammten. Beim näheren Hinsehen kann man allerdings Unterschiede der Proportionen erkennen, was eher dafür spricht, dass sie in unterschiedlichen Formen gegossen wurden. Auf beiden Schälchen befindet sich unter dem Boden jeweils eine kursive Ritzinschrift. Einmal HS oder TS, wobei es sich wahrscheinlich um die Initialen des Besitzers handelt und einmal die Inschrift MARSUS/V. Hier wurde neben dem Namen des Besitzers die Zahl V eingeritzt. Man könnte sich vorstellen, dass das Schälchen als fünftes Stück zu einem Geschirrsatz gehörte.

Mit hoher Wahrscheinlichkeit handelt es sich bei den Gefäßen um ein Altmetalldepot. Dafür spricht, dass es sich bei dem Kessel um ein Altstück handelt, welches nur noch eingeschränkt brauchbar war. Auch die Schälchen waren bei der Niederlegung schon beschädigt, worauf die Patina an den Bruchkanten hinweist. Die Analyse des Befundes ergab, dass die Gefäße in der oberen erhaltenen Siedlungsschicht, also in den Zerstörungshorizont, eingelagert waren. Als Anlass der Niederlegung könnte man hier die Unruhen und germanischen Übergriffe um 233 n. Chr. annehmen.

**Literatur:** S. Weinrich-Kemkes, Zwei Metalldepots aus dem römischen vicus von Walldürn, Neckar-Odenwald-Kreis, Fundberichte aus Baden-Württemberg 18, 1993, 253–323.

# Weihealtar der Brittones gentiles für Fortuna

**von Martin Kemkes**

Höhe: 130,3 cm
Datierung: 13. August 232 n. Chr.
Fundort: Walldürn, Neckar-Odenwald-Kreis
Aufbewahrungsort: Archäologisches Landesmuseum Baden-Württemberg, Römermuseum Osterburken

***Inschrift:***

*Deae Fortuna[e] / Sanctae balineu[m] / vetustate conlap/sum expl(oratores) Stu[---] / et Brit(tones) gentiles / officiales Bri(ttonum) / deditic(iorum) [[Alexan]]/ [[drianorum]] de / suo restituer(unt) cu/ra(m) agente T(ito) Fl(avio) Ro/mano (centurione) leg(ionis) XXII P(rimigeniae) P(iae) F(idelis) / Id(ibus) Aug(ustis) Lupo et Maximo // co(n)s(ulibus)*

***Übersetzung:***

*Der heiligen Göttin Fortuna. Das Bad, das aus Altersschwäche zerfallen war, haben die Kundschaftereinheit Stu... und die freiwilligen brittonischen Unteroffiziere des (Numerus) der deditícierten Brittonen (mit dem Ehrennamen) die Alexandrinischen aus eigenen Mitteln wieder aufgebaut, unter der Leitung des Titus Flavius Romanus, Zenturio der 22. Legion Primigenia, der frommen und treuen, an den Iden des August, als Lupus und Maximus Konsuln waren.*

Nach der Inschrift des Weihealtars wurde am 13. August des Jahres 232 n. Chr. unter der Aufsicht des Zenturios Titus Flavius Romanus aus der *legio XXII Primigenia* in Mainz das Bad des Numeruskastells von Walldürn widerhergestellt. Dass Legionszenturionen zu solchen Tätigkeiten an den Limes abkommandiert wurden, verwundert nicht, wie sich an zahlreichen ähnlichen Abkommandierungen zeigen lässt.

Schwierig ist dagegen die genaue Identifizierung der stiftenden Einheiten und damit der Besatzung dieses Limeskastells. Neben der namentlich (*stu...*) nicht bekannten Kundschaftereinheit (*exploratores*) werden die *Brittones gentiles* genannt, bei denen es sich wohl um Angehörige britannischer Stämme von außerhalb der Provinz handelt, die evtl. nach dem Britannienfeldzug des Septimius Severus (208–211 n. Chr.) freiwillig in die römische Armee eintraten und dabei den Rechtstatus von so genannten *dedicitii* erhielten. Dies bedeutete, dass sie zwar als Freie galten, jedoch der absoluten Verfügungsgewalt der Römer unterstanden und auch nach der allgemeinen Verleihung des Bürgerrechtes an alle Reichsbewohner im Jahre 212 n. Chr. (*constitutio Antoniniana*) kein Bürgerecht besaßen. Die Treue zum römischen Kaiser Severus Alexander (222–235 n. Chr.) spiegelt sich in dem ehrenvollen Beinamen wider, der allerdings nach der Ermordung des Kaisers im Jahr 235 n. Chr. und seiner *damnatio memoriae* aus der Inschrift ausgemeißelt wurde.

**Literatur:** D. Baatz, Das Badegebäude des Limeskastells Walldürn, Saalburg-Jahrbuch 35, 1978, 61–107. – P. Tasler, Dediticii. In: Reallexikon der germanischen Altertumskunde 5 (1984) 292–294.

# Nicht immer eine Urne ...

von Lydia Walter

Höhe: 20 cm
Datierung: Ende 2./Anfang 3. Jh. n. Chr.
Fundort: Buchen-Rinschheim, Neckar-Odenwald-Kreis
Aufbewahrungsort: Archäologisches Landesmuseum Baden-Württemberg, Römermuseum Osterburken

Das Gesichtsgefäß wurde innerhalb eines Gebäudes im Kastellvicus von Rinschheim gefunden. Es war nur fragmentiert erhalten, wurde aber ergänzt und rekonstruiert. Das Gefäß besitzt einen gerillten Rand, einen schmalen Fuß und einen bauchigen Körper, auf den per Hand ein Gesicht geformt wurde. Dieses besteht aus einer leicht hakenförmigen Nase, zwei stark zusammengekniffenen Augen, zwei in der Mitte zusammenwachsenden Augenbrauen, einem leicht geöffneten Mund und zwei halbmondförmigen Ohren. Es handelt sich hierbei um plastisch aufgelegte Tonwülste, bei den Augenbrauen wurde eine Haarstruktur durch Einkerbungen dargestellt.

So genannte Gesichts- oder Maskengefäße kommen bereits ab der Jungsteinzeit auf der Balkanhalbinsel vor. Vor allem in der europäischen Eisenzeit wurden sie als Urnen benutzt. In der Römerzeit lassen sich Gesichtsbecher und „Gesichtsurnen" unterscheiden. Sie treten hauptsächlich in den westlichen Provinzen des römischen Reiches vom 1.–4. Jh. n. Chr. auf. Beide Typen entstammen den etruskischen Gesichtsgefäßen und ähneln sich oft in Form und Gestaltung.

In Obergermanien findet man sie sowohl in militärischen wie zivilen Fundkontexten. Aufgrund ihres häufigen Vorkommens in Gräbern werden sie oft als „Gesichtsurnen" bezeichnet. Allerdings treten sie in den römischen Siedlungen (*vici*, *villae* etc.) ebenso häufig, wenn nicht sogar häufiger auf. Es spricht somit vieles dafür, dass diese Gefäße zum normalen römischen Haushaltsinventar gehörten und trotz ihrer Sonderform als ein Regelbestandteil des Küchengeschirrs betrachtet werden können.

Doch wieso wurden auf diesen Gefäßen Gesichter dargestellt? In Gräbern, in denen sie als Urnen benutzt wurden, spricht man von Totenmasken, eine Deutung, die innerhalb eines Siedlungskontextes wenig überzeugen kann. Gesichter besaßen in der römischen Welt allerdings eine apotropäische Funktion und wurden deshalb auch an anderen Gegenständen des täglichen Gebrauchs dargestellt, wie beispielsweise bei Fibeln oder Glasgefäßen. Eine solche Abwehrsymbolik erscheint im Kontext der Gräber wie auch der Siedlungen sinnvoll.

**Literatur:** G. Braithwaite, Masks, Face Pots and Mask Vases. In: REI CRETARIA 37 (2001) 283–293. – Ders., Faces from the Past. A Study of Roman Face Pots from Italy and the Western Provinces of Roman Empire. BAR Int. Ser. 1651 (Oxford 2007).

# Ein Inschriftenhäuschen als Votivgabe

von Lydia Walter

Höhe: 13 cm
Datierung: Ende 2./Anfang 3. Jh. n. Chr.
Fundort: Buchen, Neckar-Odenwald-Kreis
Aufbewahrungsort: Archäologisches Landesmuseum Baden-Württemberg, Römermuseum Osterburken

Das Inschriftenhäuschen aus grauem Buntsandstein wurde 1968 beim Anlegen eines Limeswanderpfades innerhalb des Kleinkastells Hönehaus entdeckt. Es lag einen halben Meter unter Schutt begraben unweit der Innenseite der Nordmauer.

An seiner Stirnseite befindet sich eine halbrunde Öffnung, die etwa 5 cm hineinreicht. Leider fanden sich darin keine besonderen Spuren, die auf die Funktion schließen lassen. Am Boden gibt es eine weitere spitz zulaufende Aushöhlung mit einer Tiefe von 5,3 cm. Sie befindet sich im Bereich des Schwerpunkts des Steines und könnte zur Aufstellung des Häuschens auf einem Pfahl oder Ähnlichem gedient haben.

Die beiden Längsseiten und die Rückseite sind mit einer Inschrift versehen worden, die der Betrachter beim Herumgehen gegen den Uhrzeiger lesen kann. Auf der rechten Längsseite steht QVINTINIVS · L, auf der Rückseite LECTOR · EX · V und auf der linken Längsseite: BONIS · CASIBVS – Übersetzung: „Den glücklichen Zufällen (hat) der Freigelassene Quintinius Lector aufgrund eines Gelübdes (diesen Stein geweiht)."

Es handelt sich um die Weiheinschrift eines *Quintinius Lector*, wobei das *L* hinter dem Namen *Quintinius* als gewöhnliche Kennzeichnung eines Freigelassenen (*libertus*) gedeutet wird. Die Weihung galt den *Bonis casibus*, also Gottheiten, bei denen es sich um Personifikationen der glücklichen Zufälle handelt. Der Name *boni casus* ist im Sinne von *bonus eventus* („glückliches Gedeihen") zu sehen, wohinter sich eine ursprünglich ländliche Gottheit verbirgt. Neben der Hauptaufgabe, das erfolgreiche Gedeihen in der Landwirtschaft zu garantieren, wurde sie in der Kaiserzeit immer mehr zu einem allgemeinen Symbol für das gute Gelingen schlechthin.

Eine weitere Parallele bieten Reliefs der keltischen Göttin Nantosuelta, auf denen sie einen Stab mit einem solchen Häuschen in der Hand hält. Sie wird meist zusammen mit dem ebenfalls keltischen Gott Sucellus dargestellt. Ihre Hauptverbreitung ist das Stammesgebiet der Mediomatriker im heutigen Ostfrankreich, Saarland und Rheinland-Pfalz. Doch wer war *Quintinius L. Lector*? Der Fundort des Häuschens könnte auf einen Mann im Dienste des Militärs hinweisen. Das Kleinkastell Hönehaus war 0,2 ha groß. Die dort stationierte Einheit ist bisher unbekannt. Allerdings weist das L für *libertus* nur auf einen Freigelassenen hin und die Inschrift erwähnt auch keine Einheit, in der er gedient haben könnte. Deshalb ist auch nicht auszuschließen, dass es sich um eine Zivilperson handelte, die diesen Weihestein anfertigen ließ.

**Literatur:** R. Wiegels, Ein Inschriftenhäuschen aus dem Kleinkastell Hönehaus (Odenwald). Germania 51, 1973, 543–552.

# Eine neue Legion für die Markomannenkriege

Von Jörg Scheuerbrandt

Höhe: 130 cm
Datierung: 174 n. Chr.
Fundort: Osterburken, Neckar-Odenwald-Kreis
Aufbewahrungsort: Archäologisches Landesmuseum Baden-Württemberg, Römermuseum Osterburken

Im Jahr 174 n. Chr. versah der Soldat Titius Tacitus als *beneficiarius* des Statthalters der Provinz Obergermanien seinen Dienst in Osterburken. Anschließend löste er sein den Göttern gegebenes Versprechen ein und stiftete dem Iuppiter Optimus Maximus, der Iuno Regina und dem Genius Loci einen Altar. Das Besondere an diesem Vorgang: Titius Tacitus diente nicht in einer der beiden in Obergermanien stationierten Legionen, der *legio VIII Augusta* in Straßburg oder der *legio XXII Primigenia* in Mainz, sondern war Soldat der *legio III Italica*. Nach bisherigem Wissen hätte der Statthalter nicht die Befugnis gehabt, einen Soldaten dieser Legion in seinem Stab zu beschäftigen.

Die *legio III Italica* war eine Neuschöpfung des Kaisers Marcus Aurelius. Am Beginn seiner Regierung führte er einen Krieg gegen die Parther im Osten, gleichzeitig zeichnete sich ein großer Germanenkrieg an der Donaugrenze ab. In dieser Phase ließ er in Italien zwei neue Legionen ausheben, die *legiones II* und *III Italica*. Sie standen seit 166 n. Chr. in Oberitalien bereit. Nach dem Einfall der Quaden und Markomannen nach Pannonien und Italien ging der Kaiser in die Offensive, seit 171/172 n. Chr. kämpfte die römische Armee nördlich der Donau. In dieser Phase wurde die *legio III Italica* über die Alpen nach Raetien verlegt. Hier sicherte sie das westliche Ende des Kriegsgebiets an der Donau; Teile der Legion operierten vom Lager Eining-Unterfeld aus und konnten aus dem böhmischen Raum einfallende Germanen bekämpfen. In dieser Situation entsandte der obergermanische Statthalter den Soldaten Titius Tacitus als Beneficiarier nach Osterburken, offenbar hatte Marcus Aurelius die Provinzen Raetien und Obergermanien in der Notsituation der Markomannenkriege unter einer Verwaltungsspitze zusammengefasst.

Der Altar des Titius Tacitus bietet nicht nur einen der wenigen Hinweise auf diese Besonderheit römischer Verwaltungspraxis, er liefert auch den ältesten datierbaren Beleg für die Verlegung der Legion von Italien in den Norden. 179 n. Chr. bezog die gesamte Legion ihren neuen und endgültigen Standort Regensburg.

**Literatur:** E. Schallmayer/K. Eibl/J. Ott, Der römische Weihebezirk von Osterburken I. Corpus der griechischen und lateinischen Beneficiarier-Inschriften des Römischen Reiches. Forschungen und Berichte zur Vor- und Frühgeschichte in Baden-Württemberg 40 (Stuttgart 1990) 138–139 Nr. 152. – K. Dietz, Zur Verwaltungsgeschichte Obergermaniens und Rätiens unter Mark Aurel. Chiron 19, 1989, 405–446.

# Die „Beneficiarier-Lanze“

Von Jörg Scheuerbrandt

Höhe: 29,5 cm
Datierung: 3. Jh. n. Chr.
Fundort: Osterburken, Neckar-Odenwald-Kreis
Aufbewahrungsort: Archäologisches Landesmuseum Baden-Württemberg, Römermuseum Osterburken

Im Beneficiarier-Weihebezirk von Osterburken wurde nördlich des großen Holztempels die Spitze einer Zierlanze gefunden. Das Motiv dieser zweimal durchbrochenen Lanzenspitze war bislang nur von Grabreliefs römischer Soldaten und als Miniaturausführung auf den Gürtel- und Schwertgurtbeschlägen im Fundmaterial am Limes bekannt. Der Fund aus Osterburken ist das erste und bislang einzige Original, das eindeutig über seinen Fundort als Abzeichen römischer Soldaten mit Sonderfunktionen angesprochen werden kann.

Die Soldaten, die auf ihren Grabreliefs mit einer solchen Lanze abgebildet sind, haben eines gemeinsam: Es handelt sich durchweg um besser besoldete Legionssoldaten, die unter dem direkten Befehl ihres Statthalters nicht bei ihrer Truppe, sondern in der Provinz unterwegs waren. Genannt werden die Chargen der *beneficiarii*, der *speculatores* und der *frumentarii* – alles länger gediente und im Verwaltungsdienst der Legionen ausgebildete *principales*. Die öffentlich getragenen Lanzen und Lanzensymbole ermöglichten diesen Soldaten die Legitimation als Amtspersonen, vergleichbar einer heutigen Uniform.

Die Träger der fälschlich als „Beneficiarier-Lanzen“ bekannten Abzeichen kamen den unterschiedlichsten Aufgaben nach: Sie kontrollierten die vor Ort zuständigen Amtsträger und standen der Bevölkerung als direkte Ansprechpartner der kaiserlichen Verwaltung zur Verfügung. Ein fest definierter Aufgabenbereich ist nicht zu erwarten, er wurde vom Statthalter bestimmt und richtete sich nach dessen dienstlichen Aktivitäten.

In Osterburken befand sich eine *statio*, ein Amtslokal, in dem offenbar dauerhaft ein Beneficarier Dienst tat. Er war nur für jeweils ein halbes Jahr abkommandiert, dann wurde er abgelöst und kehrte zu seiner Einheit zurück.

**Literatur:** K. Eibl, Gibt es eine spezifische Ausrüstung der Beneficiarier? In: E. Schallmayer u. a., Der römische Weihebezirk von Osterburken II. Forschungen und Berichte zur Vor- und Frühgeschichte in Baden-Württemberg 49 (Stuttgart 1994) 273–298.

# Unter Beschuss!

Von Jörg Scheuerbrandt

Menge: etwa 120 Geschossspitzen
Datierung: Mitte 3. Jh. n. Chr.
Fundort: Osterburken, Neckar-Odenwald-Kreis
Aufbewahrungsort: Archäologisches Landesmuseum Baden-Württemberg, Römermuseum Osterburken; Reiss-Engelhorn-Museum Mannheim; Sammlung Schwäbisch-Hall; Sammlung Steinbauer, Osterburken.

Im Jahr 1892 beschränkten sich die Ausgrabungen der Reichs-Limeskommission im Kastell Osterburken auf nur wenige Schnitte. 1895 bis 1897 legten dann Osterburkener Bürger die Südseite des Annexkastells vollständig frei; mit Mitteln des Großherzogtums Baden wurde die Mauer konserviert. Parallel dazu hob man den vorgelagerten Wehrgraben aus und stieß dabei auf besondere Funde. Vor dem südlichen Eckturm, der höchsten und ungedeckten Stelle der Befestigung, fand sich unter dem Versturz der Kastellmauer auf der Grabensohle eine mächtige Brandschicht. Zahlreiche Geschossspitzen und menschliche Knochen wurden geborgen, eine kleine Münzreihe vor allem spätseverischer Münzen endet mit einer Prägung von Philippus Arabs (244–249 n. Chr.) und datiert diesen Befund auf die Mitte des 3. Jh. n. Chr.

Die insgesamt über 120 bekannten und heute auf drei Sammlungen verteilten Geschossspitzen zeigen das gesamte Spektrum limeszeitlicher Fernwaffen. Bolzen römischer Katapulte, kleine dreiflügelige Pfeilspitzen mit Widerhaken sowie panzerbrechende Bodkin-Spitzen sind römischen Ursprungs. Der größte Teil aber besteht aus lanzettförmigen Pfeil- und Speerspitzen germanischer Provenienz. Diese sind 6 bis 12 cm lang, haben einen schmalen Mittelgrad und wurden aus ungehärtetem, also weichem Eisen gefertigt – ihre Form ist für den gesamten germanischen Raum typisch.

Viele Exemplare haben Nutzungsspuren: Die Spitzen der römischen Katapultbolzen sind vom Aufprall gestaucht, die germanischen Eisenspitzen oft abgeknickt oder verbogen. Offenbar beschossen die Angreifer den Eckturm des Kastells mit ihren Waffen, um die Verteidiger zu vertreiben. Beim Erklimmen der Wehrmauer wurden dann einige Kämpfer getötet und blieben im Graben liegen.

Wer die Angreifer waren, die in der Mitte des 3. Jh. n. Chr. das Kastell Osterburken beschossen, erstürmten und vermutlich zerstörten, muss offen bleiben. Infrage kommen germanische Plünderer ebenso wie römische Bürgerkriegstruppen jeder Partei. Germanische Söldner kämpften auf beiden Seiten!

**Literatur:** K. Schumacher, Das Kastell Osterburken, Der obergermanisch-raetische Limes des Römerreiches B 40 (1895) 36. – K. Schumacher, Germanische Waffen aus vormerovingischer Zeit, Westdeutsche Zeitschrift XV, 1896, 65–67.

# Vergraben und vergessen

Von Jörg Scheuerbrandt

Menge: 327 Silbermünzen
Datierung: 233 n. Chr.
Fundort: Osterburken, Neckar-Odenwald-Kreis
Aufbewahrungsort: Badisches Landesmuseum Karlsruhe

Von Juli 1991 bis August 1992 untersuchte man in der Nordwestecke des Annexkastells den Graben des Kohortenkastells, der bereits von der Reichs-Limeskommission ausgehoben worden war. An der Stelle, an der die später an das Kastell angebaute Mauer den älteren Graben schnitt, fand sich in der Verfüllung des Grabens, nur wenig unterhalb des antiken Laufhorizontes, eine Ansammlung von insgesamt 327 römischen Silbermünzen und ein Silberring mit gefasster Gemme aus blauem Glasfluss.

Einige der Münzen machten den Eindruck einer gebündelten Deponierung in Münzrollen. Von einem Behältnis, in dem der Schatz sicher abgelegt worden war, hat sich nichts erhalten. Vielleicht waren die Fundstücke einst in einem Beutel oder einer Holzkiste im Boden vergraben worden, um sie später – wenn die Gefahr einer Plünderung vorüber sein würde – wieder hervorzuholen. Die Münzen sind bis auf ganz wenige Ausnahmen in einem hervorragenden Erhaltungszustand. Die prägefrischen Exemplare müssen sehr bald aus dem Geldverkehr gezogen und angespart worden sein. Dabei wurde offenbar darauf geachtet, gut erhaltene Münzen, die das Kaiserporträt noch plastisch ausgeprägt zeigen, zu sammeln, da diese wegen der geringeren Abnutzung noch das höchste Silbergewicht besaßen. Der Wert der vergrabenen Münzen entspricht in etwa dem halben Jahressold eines Auxiliarsoldaten in der ersten Hälfte des 3. Jh. n. Chr.

Das älteste Stück zeigt Kaiser Vespasian (69–79 n. Chr.), die spätesten Münzen stellen Prägungen des Kaisers Severus Alexander (222–235 n. Chr.) dar. Dadurch wird der Vergrabungszeitpunkt des Schatzes um das Jahr 233 n. Chr. nahegelegt. In diesem Jahr fielen germanische Plünderer in großer Zahl in das Limesgebiet ein und brandschatzten vor allem den nördlichen Teil der Provinz. Kaiser Severus Alexander brach seinen Perserkrieg ab und zog mit seiner Armee nach Mainz. Noch während der Vorbereitungen einer Strafexpedition ermordeten ihn Soldaten. Sein Nachfolger Maximinus Thrax führte 235 n. Chr. seine Truppen von Obergermanien aus weit nach Norden gegen die Germanen. Dieser Feldzug ist seit einigen Jahren durch die Befunde der Schlacht am Harzhorn auch archäologisch nachgewiesen.

**Literatur:** E. Schallmayer, Ein römischer Münzschatzfund aus Osterburken, Neckar-Odenwald-Kreis. Archäologische Ausgrabungen in Baden-Württemberg 1992 (Stuttgart 1993) 125–129.

# Ein Depot mit Pferdegeschirrteilen

von Lydia Walter

Datierung: 3. Jh. n. Chr.
Fundort: Jagsthausen, Landkreis Heilbronn
Aufbewahrungsort: Archäologisches Landesmuseum Baden-Württemberg, Limesmuseum Aalen

In den Jahren 1983 bis 1984 wurde im Kastell Jagsthausen an der Nordmauer in der Nähe des westlichen Zwischenturms ein sehr umfangreiches römisches Altmetalldepot entdeckt. Es umfasste insgesamt 449 Bronze- und 1744 Eisenobjekte, darunter Waffen, militärische Ausrüstung, Wagenteile, Meißel, Sensen, Harken, Schlüssel, Kästchenbeschläge, Baubeschläge, Befestigungselemente und einige Bruchstücke weiterer Gegenstände. Den größten Einzelposten machten die 1400 Nägel aus. Aufgrund seines Umfanges ist das Depot eines der größten seiner Art am Limes. Unter den Gegenständen, die zur militärischen Ausrüstung gehören, befanden sich auch Pferdegeschirrteile aus Bronze und Eisen. Dazu zählen mehrere (Zier-)Ringe, Riemenverteiler, ein Kappzaum, Teile einer Trense und zwei Lunulaanhänger. Als Besatzung des Kastells ist die *cohors I Germanorum equitata* belegt, eine teilberittene Einheit, sodass die Pferdegeschirrteile sicher zu deren Ausrüstung gehörten.

Bei dem Kappzaum handelt es sich um ein gebissloses Halfter, das vor allem beim Einreiten und Trainieren von jungen Pferden benutzt wurde. Er konnte auch mit einem Gebiss an separaten Zügeln kombiniert werden. Der Kappzaum zeigt Reparaturstellen an der Innenseite, die zusammen mit Abnutzungsspuren auf seinen häufigen Gebrauch hinweisen.

Die fünf Riemenverteiler liegen als zwei Paare und ein Einzelstück vor. Sie sind kreuz- bzw. blumenförmig und von unterschiedlicher Qualität. Die Öffnungen für die Riemen sind mit etwa 1 cm Durchmesser sehr schmal, weshalb die Riemenverteiler bzw. die durchlaufenden Riemen wohl keine große Belastung ausgehalten haben und eher zum schmückenden Beiwerk des Pferdegeschirrs gehörten. Ihre genaue Position, eventuell im Bereich des Kopfzaumes bleibt unklar.

Auch die Lunulaanhänger werden als Schmuck des Pferdegeschirrs gedient haben. Solche mondförmigen Anhänger wurden ursprünglich primär von Frauen getragen, da der Halbmond als Symbol für das weibliche Geschlecht galt. Beim Pferdegeschirr treten diese oft in Verbindung mit Phallusanhängern auf. Die beiden ursprünglichen Fruchtbarkeitssymbole sollten als Amulette den bösen Blick ablenken und das Pferd sowie seinen Reiter vor Unheil bewahren.

**Literatur:** K. Kortüm, Ausgrabungen in Jagsthausen, Kreis Heilbronn. Archäologische Ausgrabungen in Baden-Württemberg 1984 (Stuttgart 1985) 150–153.

# Renovierungsinschrift des Kastellbades

**von Andreas Thiel**

Aus der limeszeitlichen Kastellsiedlung von Jagsthausen sind zwei Militärbäder bekannt. Das kleine wurde noch vor der Zeit der Reichs-Limeskommission vollständig ausgegraben. Das größere konnte erst 1992 wiederentdeckt werden. Es ist heute als archäologisches Reservat geschützt. Bei Anlage eines Freiluftmuseums fand sich im Bauschutt überraschend ein 115 cm langer und knapp 80 cm hoher flacher Quader aus Lettenkeuper-Sandstein, dessen Vorderseite eine neunzeilige lateinische Inschrift trägt. Der Text berichtet, dass auf Befehl des obergermanischen Statthalters Caesonius Rufinianus kurz nach 200 n. Chr. das Bad (*balineum*) der am Ort stationierten 1. Kohorte der Germanen, das aufgrund seines Alters baufällig war, von Grund auf (*vetustate dilabsum a solo*) erneuert wurde. Für die Ausführung sorgte Iulius Clodianus, Tribun der genannten Kohorte. Die Inschrift war den beiden Augusti Lucius Septimius Severus und seinem Sohn Marcus Aurelius Antoninus (genannt Caracalla) sowie dem jüngeren Sohn Geta gewidmet, der zu dieser Zeit als Caesar mitregierte. Nach der Beseitigung seines jüngeren Bruders ließ Caracalla im ganzen Reich Titel und Namen des Geta auf öffentlichen Inschriften tilgen. Dies wurde auch in Jagsthausen befolgt. Die ausgeschlagenen Buchstaben „ET GETA CAES" in der dritten Textzeile sind heute problemlos lesbar, in der Antike dürfte sie jedoch durch Kalkputz überdeckt gewesen sein.

Verschiedene Spuren im Inschriftenfeld deuten darauf hin, dass auf dem Stein ursprünglich ein anderer Text eingemeißelt war. Vermutlich stand hier zunächst die Bauinschrift des Kastellbades, das mit der Vorverlegung des obergermanischen Limes um das Jahr 160 n. Chr. errichtet worden sein dürfte. Nach rund 40 Jahren Betrieb war eine Renovierung sicher überfällig.

**Literatur:** A. Thiel, Eine neu gefundene Renovierungsinschrift aus dem zweiten römischen Kastellbad von Jagsthausen. Fundberichte aus Baden-Württemberg 20, 1995, 725–735. – A. Heising, Die Zeit der Severer in Obergermanien und Raetien. In: Caracalla. Kaiser, Tyrann, Feldherr (Mainz 2013) 53–70.

Länge: 115 cm, Höhe: 80 cm
Datierung: 200 n. Chr.
Fundort: Jagsthausen, Landkreis Heilbronn
Aufbewahrungsort: Archäologisches Landesmuseum Baden-Württemberg, Römermuseum Osterburken

# Dolch und Dolchscheide eines Auxiliarsoldaten

von Andreas Thiel

Länge: ca. 30 cm
Datierung: 2./3. Jh. n. Chr.
Fundort: Jagsthausen, Landkreis Heilbronn (Dolchscheide), Mainhardt, Kreis Schwäbisch Hall (Dolch)
Aufbewahrungsort: Archäologisches Landesmuseum Baden-Württemberg, Limesmuseum Aalen

Zahlreiche Funde, aber auch Darstellungen, insbesondere auf Grabsteinen, geben nahezu erschöpfend Auskunft über die Bewaffnung der Legionäre und Auxiliarsoldaten während des 1. Jh. n. Chr. Für die folgende Limeszeit ist die Quellenlage hingegen wesentlich dürftiger. In dieser Zeit kommt es jedoch zu verschiedenen Änderungen in der Ausrüstung des römischen Heeres, die zum Teil auch auf veränderte Kampftaktiken schließen lassen. In viel stärkerem Maße als während der Okkupationszeit kommt daher Einzelfunden Bedeutung für die Rekonstruktion der Bewaffnung zu.

Reste von Schwertern oder Dolchen sind selten im Fundgut der Ausgrabungen an den limeszeitlichen Kastellplätzen. Zu den Ausnahmen gehören die Klinge eines Dolches aus Mainhardt und eine dazu passende Scheide aus Jagsthausen. Sie beweisen, dass diese Nahkampfwaffen auch noch im 2. und 3. Jh. bei den Soldaten der Hilfstruppen im Einsatz waren.

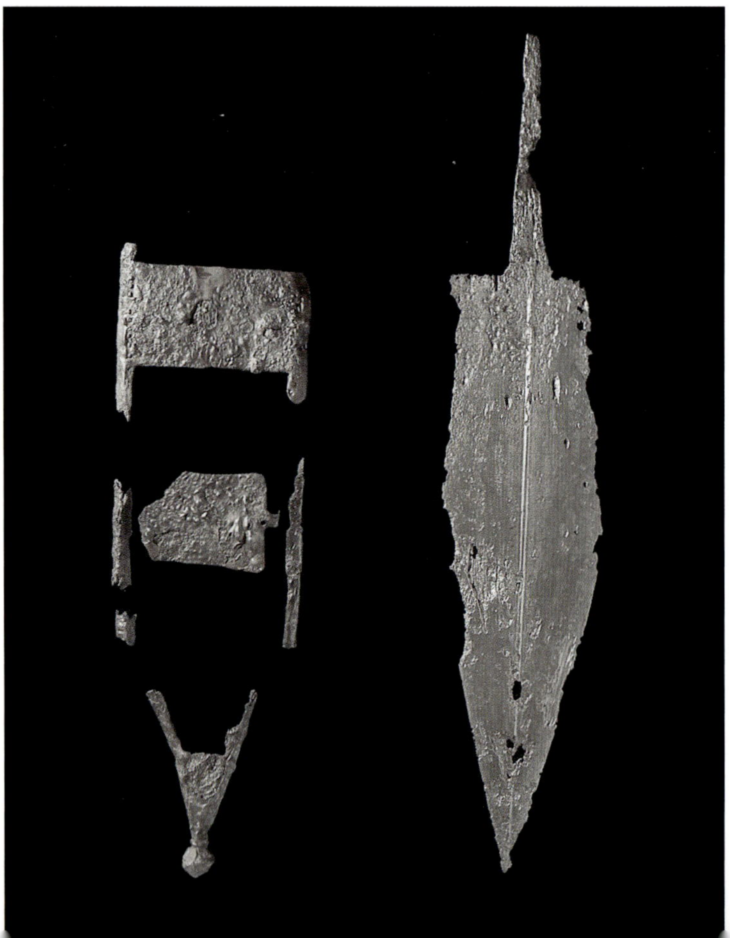

Das rund 30 cm lange und mit 8 cm sehr breite Blatt zeigt längs der Mitte eine doppelte, so genannte Bahnenspitze. Die beidseitigen Schneiden waren ursprünglich, wie bei römischen Militärdolchen üblich, leicht geschweift. Die Klinge besitzt eine Griffangel, auf der eine zweischalige Handhabe angebracht war, die heute verloren ist. Vermutlich endete der Griff ursprünglich in einem halbrunden, scheibenförmigen Knauf. Die Klinge steckte in einer Rahmenscheide, deren eiserne Randbeschläge wie der Fund aus Jagsthausen belegt, durch flache rechteckige Beschlagbleche aus Bronze verbunden waren. Die hölzernen Seitenteile der Scheide sind ebenso wie das Futter und eine anzunehmende Lederbespannung vergangen. Den Abschluss des Ortbandes bildete ein großer doppelkonischer Knopf.

**Literatur:** A. Thiel, Das römische Jagsthausen. Kastell, Vicus und Siedelstellen des Umlandes. Materialhefte zur Archäologie Baden-Württemberg 72, 2005. – F.-R. Herrmann, Der Eisenhortfund aus dem Kastell Künzing. Saalburg-Jahrbuch 26, 1969, 129–141.

# Die gerüstete Gottheit – Minerva oder Mars?

von Nina Willburger

Höhe: 12,6 cm
Datierung: 2. Jh. n. Chr.
Fundort: Öhringen, Hohenlohekreis
Aufbewahrungsort: Landesmuseum Württemberg Stuttgart

Der qualitätvoll gearbeitete Bronzekopf aus Öhringen zeigt ein von Locken umrahmtes Haupt mit nach hinten geschobenem Helm. In der Literatur wurde hier bislang stets die Göttin Minerva erkannt. Allerdings könnte es sich auch um den jugendlichen Mars handeln: Der Helm mit dem leicht herausgearbeiteten Gesicht findet sich bei beiden Gottheiten. Auch die etwas längeren Locken und das glatte Gesicht würden einer Benennung als Mars keineswegs entgegenstehen. Ob Kriegsgott oder Göttin der Künste und Weisheit kann letztlich nicht endgültig geklärt werden. Einzig der Fundort mag ein Indiz für die Ansprache als Minerva sein: Die Bronze wurde im Jahre 1861 in der Otto-Meister-Straße gefunden. Im Zuge des Eisenbahnbaus kamen hier zudem verschiedene Weihedenkmäler zutage, unter anderem zwei Statuen der Minerva aus Sandstein. Aufgrund der Vielzahl der gefundenen Denkmäler muss in der Gegend ein nicht näher zu bestimmender Kultbezirk gelegen haben, der nach Ausweis der Denkmäler mindestens von 169 bis 232 n. Chr. genutzt wurde.

Der bronzene Kopf ist auf der Rückseite senkrecht glatt wie eine Maske abgeschnitten und als dickwandige Hohlform gearbeitet. Ursprünglich fanden sich noch anhaftende Zinnreste, die eine Befestigung auf Metall belegen. Es kann sich demnach nur um einen Aufsatz handeln; woran dieser ursprünglich allerdings Halt fand, bleibt ungewiss. Eine Datierung der Bronze in die zweite Hälfte des 2. Jh. n. Chr. ist aus stilistischen Gründen wahrscheinlich.

**Literatur:** F. Haug/G. Sixt, Die römischen Inschriften und Bildwerke Württembergs [2](Stuttgart 1914) 621 Nr. 439. – M. Kemkes/N. Willburger, Der Soldat und die Götter. Römische Religion am Limes. Schriften des Limesmuseums Aalen 56 (Esslingen 2004) 38–40.

# Weihealtäre eines Nymphaeums zu Ehren des Kaiserhauses

von Martin Kemkes

Fundort: Öhringen, Hohenlohekreis
Aufbewahrungsort: Archäologisches Landesmuseum Baden-Württemberg, Limesmuseum Aalen

1. Altar für die Nymphen und für das Heil des Kaisers Commodus
Höhe: 137 cm
Datierung: 187 n. Chr., aufgestellt anlässlich der Einweihung der Wasserleitung

2. Altar zu Ehren des Kaiserhauses
Höhe: 100 cm
Datierung: 23. Juli 231 n. Chr., aufgestellt anlässlich der Renovierung der Wasserleitung

3. Ein Altar für die Nymphen und zu Ehren des Kaiserhauses
Höhe: 122 cm
Datierung: 4. Dezember 241 n. Chr., aufgestellt anlässlich der Einweihung einer neuen Wasserleitung

Einer der bedeutendsten militärischen Kultplätze am Limes ist das durch fünf Altäre und mehrere Skulptur- bzw. Architekturfragmente nachgewiesene Nymphaeum im Öhringer Westkastell. Die steinernen Überreste des Heiligtums fanden sich bei den Ausgrabungen im Jahre 1911 in einem 16 m tiefen Brunnen im Innenhof des Stabsgebäudes, wo auch das ursprüngliche Nymphaeum gelegen haben dürfte. Bei diesem handelte es sich um einen aufwendig gestalteten Brunnen mit Wasserbecken, über dem, wohl in einer Nische, eine Neptunstatue stand. Erhalten haben sich neben den hier vorgestellten Inschriften, zwei weitere Altarfragmente, einige Architekturteile und der Kopf sowie Fußfragmente der Neptunstatue.

Die Bedeutung eines solchen Nymphaeums innerhalb der offiziellen Heeresreligion wird durch die Inschriften eindrucksvoll aufgezeigt. Bei ihnen handelt es sich vom Inhalt her jeweils um eine Kombination aus Weiheinschrift an die Nymphen, Ehreninschrift für die jeweiligen Kaiser und Bauinschrift für die errichtete bzw. renovierte Wasserleitung. Die drei nahezu vollständigen Altäre belegen den Bau der Wasserleitung im Jahr 187 n. Chr. und deren Renovierung in den Jahren 231 und 241 n. Chr.

1

2

Zudem wird in der Inschrift Nr. 3 die Länge der Leitung mit 5979 römischen Fuß (1748,5 m) angegeben.

Die Verehrung der Nymphen, als lokale Schutzgöttinnen des herangeführten Wassers, zeigt die Ehrfurcht der Soldaten vor der Natur und das Bewusstsein für die Abhängigkeit der menschlichen Nutzung dieses Wassers vom Wohlwollen der örtlichen Gottheiten. Die große Bedeutung des Wassers spiegelt sich auch im militärischen Festkalender der Römer wider. Nach diesem feierte man am 23. Juli das Fest des ursprünglich altitalischen Gewässergottes Neptun. Direkte Bezüge hierzu liefern nicht nur die in Öhringen gefundenen Reste einer Neptunstatue, sondern vor allem der Umstand, dass der Altar Nr. 2 eben am 23. Juli des Jahres 231 n. Chr., am Festtag der *Neptunalia*, aufgestellt wurde.

Dass es sich um Zeugnisse der offiziellen Heeresreligion handelt, belegen neben den Ehrenbezeugungen für die jeweiligen Kaiser auch die Nennungen der Statthalter sowie der ausführenden Truppenkommandeure. Diese waren im Auftrag des Kaisers für das Wohlergehen der Soldaten verantwortlich, was die Versorgung mit Trinkwasser ebenso einschloss, wie deren ordnungsgemäße religiöse Einbettung in den Alltag der Heeresreligion durch den Bau eines Nymphaeums bzw. durch das Aufstellen entsprechender Altäre.

Die Inschriften sind aber nicht nur Zeugnisse der Heeresreligion am Limes, sondern beleuchten auch das komplexe Treueverhältnis zwischen der Armee und dem Kaiser als Oberbefehlshaber. Bei den Altären von 187 und 231 n. Chr. wurde der ehrenvolle kaiserliche Beiname des Commodus bzw. des Severus Alexander nach deren Ermordung im Zuge der reichsweiten *damnatio memoriae* aus den Inschriften herausgemeißelt.

**Literatur:** F. Haug/G. Sixt, Die römischen Inschriften und Bildwerke Württembergs (Stuttgart 1914) 624–633. – M. Kemkes/N. Willburger, Der Soldat und die Götter – Römische Religion am Limes. Schriften des Limesmuseums Aalen 56 (Esslingen 2004) 33–38; 106–107.

3

# Zwei Kastelle, zwei Truppen, zwei Ziegelstempel

von Martin Kemkes

Länge der Fragmente: ca. 15–20 cm
Datierung: zweite Hälfte 2./erste Hälfte 3. Jh. n. Chr.
Fundort: Öhringen, Hohenlohekreis
Aufbewahrungsort: Archäologisches Landesmuseum Baden-Württemberg, Limesmuseum Aalen

Das römische Öhringen gehört neben Orten wie Miltenberg, Osterburken, Mainhardt oder Welzheim zu den Kastellplätzen am vorderen obergermanischen Limes, an denen zwei Kastelle nachgewiesen wurden. Das West- oder Bürgkastell liegt etwa 1200 m von der Limeslinie entfernt, während das Ostkastell nur knapp 200 m hinter den Sperranlagen errichtet wurde. Beide haben eine ähnliche Größe von 2,1 bzw. 2,2 ha und konnten rund 500 Soldaten aufnehmen. Welche Einheiten hier stationiert waren, ist durch mehrere Weiheinschriften, aber auch durch Ziegelstempel überliefert, die sich vor allem in den beiden Kastellbädern fanden.

Die Stempel geben den Truppennamen in der Regel in abgekürzter Form wieder. Die COH(ors) I HEL(vetiorum) war eine Kohorte von 500 Mann, die ursprünglich im Gebiet der heutigen Schweiz rekrutiert worden waren. Sie wurde bei der Vorverlegung des Limes um 160 n. Chr. von Heilbronn-Böckingen nach Öhringen verlegt. Ob Sie im West- oder Ostkastell stationiert war, ist nicht eindeutig zu klären. Als Besatzung des zweiten Kastells lassen sich zwei so genannte *numeri Brittonum* nachweisen, kleinere Einheiten von 100 bis 200 Soldaten, die in Obergermanien ausschließlich aus Britannien stammten. Der Ziegelstempel des N(umerus) BRIT(tonum) CAL(---) belegt, dass auch diese Einheiten Ziegel produzierten und am Ausbau des vorderen Limes beteiligt waren.

Viele, wenn auch nicht alle am Limes stationierten Einheiten produzierten die bei Baumaßnahmen benötigten Ziegel selbst. Gefertigt wurden neben Dachziegeln vor allem quadratische Platten, die als Stützpfeiler der erhöhten Böden der Fußbodenheizungen verbaut wurden. Mit der Stempelung der Ziegel wurde zum einen die Truppeneinheit als Besitzer des Baumaterials ausgewiesen, zum anderen könnten die Stempel aber auch im Produktionsablauf der Ziegelei zur Kennzeichnung bestimmter Chargen benutzt worden sein.

**Literatur:** U. Brandl/E. Federhofer, Ton und Technik. Römische Ziegel. Schriften des Limesmuseums Aalen 61 (Stuttgart 2010) 66–78. – M. Reuter, Studien zu den numeri des Römischen Heeres in der Mittleren Kaiserzeit. Bericht der Römisch-Germanischen Kommission 80, 1999, 357–569 bes.385–389 u. 444–445.

# Ein stupsnasiger Gefolgsmann des Weingottes

von Nina Willburger

Höhe: 9,6 cm
Datierung: 2. Jh. n. Chr.
Fundort: Öhringen, Hohenlohekreis
Aufbewahrungsort: Landesmuseum Württemberg Stuttgart

Die im Jahre 1951 beim Ausheben eines Kabelgrabens rund 55 m vor dem Nordtor des Öhringer Ostkastells in der Hallerstraße gefundene Bronzestatuette zeigt einen bis auf den Lendenschurz und Schuhe unbekleideten Silen in Schrittstellung. In der gesenkten Rechten hält er Weintrauben, sein linker Arm ist erhoben. Welchen Gegenstand die fehlende Hand einst trug, ist nicht zu bestimmen; eventuell handelte es sich um ein Gefäß oder einen Weinschlauch. An den Fußsohlen fanden sich Lötspuren, die von der Befestigung auf einem Sockel herrühren.

Silene zählen wie die Satyrn und Mänaden zum Gefolge des Bacchus, dem Gott des Weines und des Theaters. Zu ihren Erkennungsmerkmalen gehören der Vollbart, die kräftigen Augenbrauen, die platte Nase, die spitzen Ohren, der bis auf einen schütteren Haarkranz kahle Kopf und die am Hinterhaupt geknotete Stirnbinde.

Das dicke Bäuchlein, das sich über dem knielangen Lendenschurz abzeichnet, und der insgesamt recht schwammige Körper sind Zeichen des Genusses und der Lebensfreude, die dem Gott des Weines und seinem Gefolge zu eigen waren, einhergehend mit einem ausschweifenden Lebenswandel.

Die qualitätvoll gearbeitete Statuette, deren Augen in Silber eingelegt sind, gilt als eine der schönsten römischen Bronzen aus dem Limesgebiet.

Die Frage nach dem Produktionsort der Statuette muss offen bleiben, die Herstellung im Limesgebiet kann angesichts der Qualität der Arbeit wohl ausgeschlossen werden. Eine Datierung in das 2. Jh. n. Chr. ist wahrscheinlich.

Kleinformatige Bronzen wie die des Silens aus Öhringen wurden als Votivgaben in öffentlichen Heiligtümern dargebracht oder aber waren Teil eines Hausheiligtums. Die genaue Verwendung der hier besprochenen Statuette ist nicht abschließend zu klären.

**Literatur:** Fundberichte aus Schwaben 12, 1938–51, 72. Taf. 19,1. – O. Paret, Silenstatuette von Oehringen. Germania 30, 1952, 114–115. – H. U. Nuber, Antike Bronzen aus Baden-Württemberg. Schriften des Limesmuseums Aalen 40 (Winnenden 1988) 99 Abb. 34.

# Ein Stier mit drei Hörnern

von Lynn Stoffel

Höhe 36 cm
Datierung: 2./3. Jh. n. Chr.
Fundort: Mainhardt, Landkreis Schwäbisch Hall
Aufbewahrungsort: Archäologisches Landesmuseum Baden-Württemberg

Bei der Grabung im Jahr 2000 fand man in der Verfüllung des äußeren Wehrgrabens südlich des Kastells von Mainhardt ein 36 cm hohes und 24 cm breites Sandsteinrelief. Der hausförmige Weihealtar zeigt im Giebel eine stark verwitterte Figur, vermutlich eine männliche Gottheit oder einen Genius, mit Attribut in der erhobenen rechten Hand. Darunter befindet sich auf der linken Seite eine dem Betrachter zugewandte weibliche Figur mit langem Gewand, Mantel und einer Art „Hochsteckfrisur". Sie hält eine Opferschale in Händen und kann als Adorantin angesprochen werden. Rechts davon, getrennt durch eine Säule, ist ein Stier in Seitenansicht dargestellt. Auf dem Kopf des Stieres zeichnet sich mittig auf der Stirn ein drittes Horn ab. Das stolze Tier schreitet mit erhobenem rechten Bein nach links voran. Es handelt sich hierbei um eine kanonische Darstellung des dreihörnigen Stiergottes, dessen mythologischer Ursprung und Wirkungsfeld noch im Dunkeln liegen. Die Konzentration von Bronzefiguren von dreihörnigen Stieren im Gebiet der Sequaner und Helvetier in der heutigen Franche-Comté, der östlichen Bourgogne und der östlichen Schweiz verweist auf das Kerngebiet der Verehrung.

Prominentestes Kultbild ist das im Forum von Martigny/Forum Claudii Vallensium gefundene lebensgroße vollplastische Stierbildnis. Aus der Germania Superior sind elf Darstellungen aus Stein bekannt. Die einzige direkte Parallele zum Mainhardter Relief bildet das giebellose Stück aus Güglingen. Aufgestellt war das Relief vermutlich im *vicus* von Mainhardt. Warum das verwitterte, aber intakte Bildnis mit anderem Bauschutt in den zum Teil schon verfüllten Kastellgraben gelangte, ist nicht bekannt.

**Literatur:** A. Colombet/P. Lebel, Mythologie Gallo-Romaine Les taureaux à trois cornes. Revue Archéologique de l'Est et du Centre Est IV, 1953,108–135. – I. Stork, Neues zum Kastell Mainhardt, Kreis Schwäbisch Hall. Archäologische Ausgrabungen in Baden-Württemberg 2000 (Stuttgart 2001) 84–87.

# Eine Axt – zwei Funktionen

von Lynn Stoffel

Im *vicus*, südwestlich des Kohortenkastells, entdeckte man 1977 auf der Sohle eines Brunnens eine eiserne Axt mit zwei Blättern und abgebrochenem Stiel aus dem Holz eines Obstbaumes aus der Familie der Pomoideae. Der konische Kopf mit zwei Blättern ist 36,4 cm lang und 5,6 cm breit. Das 8,4 cm lange Blatt A hat eine schmale keilförmige Schneide. Die geschwungene Vorderflanke, das nach unten geneigte Axtblatt und das Gewicht von 2240 g zeichnen diesen Teil als Fallaxt aus. Bei dem 21,1 cm langen Blatt B schwingt die Vorderflanke leicht aus, die Schneide ist breit und gerundet, der Blattansatz schmal gehalten. Hierbei handelt es sich um die gängige Form einer Breit-/Bartaxt, die typologisch zwischen der Axt und dem Breitbeil steht und zum Spanen von Holz verwendet wurde. Das Mainhardter Stück war somit gleichzeitig eine Fall- und eine Breit-/Bartaxt. Die Verstärkung am Schaftloch steht mit der Funktion als Fallaxt in Zusammenhang und kann aufgrund der länglichen, niedrigen Form in die späte Kaiserzeit datiert werden. Breit-/Bartäxte stammen auch meist aus der späten Kaiserzeit und konzentrieren sich auf das Limesgebiet. Die intakte Axt wurde wohl kaum im Brunnen entsorgt. Es ist vorstellbar, dass der Stiel bei Brunnenarbeiten brach, die Axt in den Brunnen fiel und erst wieder bei den Ausgrabungen entdeckt wurde.

Länge: 36,4 cm
Datierung: 2./3. Jh. n. Chr.
Fundort: Mainhardt, Landkreis Schwäbisch Hall
Aufbewahrungsort: Archäologisches Landesmuseum Baden-Württemberg

**Literatur:** H. Clauss/D. Planck/G. Weisshuhn, Mainhardt, Fundberichte aus Baden-Württemberg 8, 1983, 299–303.

# Adlerkopfschwert und Signalhorn

von Martin Dietrich

> Länge: Adlerkopfschwert 63 cm;
> *cornu*-Beschläge 13,5 und 25,3 cm
> Datierung: 2./3. Jh. n. Chr.
> Fundort: Murrhardt, Rems-Murr-Kreis
> Aufbewahrungsort: Carl-Schweizer-Museum Murrhardt

Aus dem im südlichen Abschnitt des obergermanischen Limes gelegenen Vicus von Murrhardt stammen drei Bronzegegenstände, welche 1954 in der Friedensstraße zutage kamen. Der genaue Fundzusammenhang der Objekte ist jedoch leider unbekannt.

Bei dem ersten Gegenstand handelt es sich um ein 63 cm langes Adlerkopfschwert, das zu einer lebens- oder etwas überlebensgroßen Statue gehörte. Als Schwertknauf dient der detailliert gearbeitete Kopf eines Adlers. Der Griff ist durch zwei Kränze mit sechs bzw. acht Blättern geteilt, wovon Letzterer in zwei Voluten in Richtung der Klinge ausläuft. Zwischen den Voluten befindet sich ein einzelnes Blatt. Wesentlich weniger detailliert als der Griff ist die Schwertscheide gearbeitet. Diese wird von drei Rillen umrahmt und durch vier quer verlaufende, schraffierte Bänder verziert. Die Scheide endet in einem Halbrund. Griff und Scheide des Schwertes wurden separat voneinander gefertigt und später aneinandergefügt.

Bei Schwertern mit Adlerknauf handelt es sich um einen gängigen Typus für Kaiserstatuen. Ein ähnliches Stück wurde in Rainau-Dalkingen gefunden, zwei nahezu identische Adlerkopfgriffe sind aus Weißenburg bekannt. Es gilt als möglich, dass das Schwert aus Murrhardt einer Statue des Severus Alexander (222–235 n. Chr.) zuzuordnen ist, da im Stabsgebäude des dortigen Kastells schon im Jahr 1885 eine Basis für eine Statue dieses Kaisers gefunden wurde. Ehrenstatuen für römische Kaiser sind aus zahlreichen Kastellen am Limes belegt und waren ein Zeichen für die Loyalität der Truppen dem Herrscher gegenüber.

Bei den beiden anderen Bronzeobjekten handelt es sich um zwei Endbeschläge von der Querstange eines römischen Signalhorns (*cornu*). Dieses kreisförmige Instrument wurde von der römischen Armee zur Übermittlung militärischer Befehle auf dem Schlachtfeld oder bei Paraden verwendet. Die Querstange diente zur Stabilisierung und zum Tragen des Horns.

Da beide Stücke an ihrem jeweiligen Ende das Quergestänge mit der kreisrunden Röhre des *cornu* verbanden, ist ihr Aufbau entsprechend ähnlich. Sie bestehen jeweils aus einer Tülle, mit deren Hilfe sie an der Stange befestigt wurden, und einem quer verlaufenden Rohr, durch das der Körper des Instruments verlief.

Die Röhre des ersten Objekts wird auf beiden Seiten durch je eine Büste einer behelmten Person in Rüstung verziert. Eine dieser Personen stellt die römische Göttin Minerva dar. Die Büste auf der anderen Seite zeigt einen bärtigen Mann, den Kriegsgott Mars. Zwischen den beiden Figuren befand sich oberhalb der Röhre ursprünglich eine Spitze. Diese ist jedoch abgebrochen, wodurch die er-

haltene Höhe des Fundstücks 13,5 cm beträgt.

Die vierkantige Spitze des anderen Endstückes ist noch vorhanden. Dementsprechend ist dieses mit 25,3 cm deutlich höher als sein Gegenpart. An der Spitze befinden sich, in Richtung der Röhre verlaufend, zwei schlangenlinienförmige Ansätze, welche stilisierte Delfine darstellen könnten.

Das römische Militär verwendete neben dem *cornu* auch die ebenfalls gebogene *bucina* sowie die aus einer geradlinig verlaufenden Röhre bestehende *tuba* als Signalinstrumente. Antike Darstellungen von Hornbläsern mit diesen Instrumenten finden sich beispielsweise auf den Säulen des Traian und des Marc Aurel in Rom.

**Literatur:** Fundberichte aus Schwaben N.F. 13, 1952–54, 65. – M. Kemkes/N. Willburger, Der Soldat und die Götter – Römische Religion am Limes. Schriften des Limesmuseums Aalen 56 (Esslingen 2004) 54–59. – M. Kemkes, Zu Ehren des Kaiserhauses – Bronzebildnisse in militärischen Kontexten. In: Gebrochener Glanz. Römische Großbronzen am UNESCO-Welterbe Limes. Ausstellungskatalog Bonn (2014) 109–119.

# Grabrelief mit Romulus und Remus

von Martin Kemkes

Breite: 156 cm
Datierung: zweite Hälfte 2./erste Hälfte 3. Jh. n. Chr.
Fundort: Murrhardt, Rems-Murr-Kreis
Aufbewahrungsort: Carl Schweizer Museum Murrhardt

Auch entlang des Limes konnten in einigen Orten Reste großer Pfeilergrabmäler nachgewiesen werden. Sie dienten dazu, das Andenken des Verstorbenen und seine gesellschaftliche Stellung auf Dauer und weithin sichtbar zu machen. Die Monumente hatten eine Höhe von bis zu 8 m und trugen in der Regel eine Inschrift und/oder ein Bildnis des oder der Toten. Daneben konnten sie mit mythologischen Szenen verziert sein, deren allgemeinverständliche Aussage die Persönlichkeit des Verstorbenen und seine Vorstellungen zusätzlich herausstellen sollten.

Das Relief eines solchen Grabmals wurde 1963 in der Murrhardter Walterichskapelle in einem frühmittelalterlichen Plattengrab gefunden. Es bildete wahrscheinlich den unteren Abschluss der Nebenseite eines Pfeilers und zeigt zwischen den beiden rahmenden Rankenpilastern ein Bild der Römischen Wölfin mit den Zwillingen Romulus und Remus. Die Darstellung der Gründungssaga Roms findet sich häufiger in der römischen Sepulkralkunst, sowohl in Rom als auch in den Provinzen. Die Vorstellung von Rom als „der ewigen Stadt" (*urbs aeterna*) war auch schon in der Antike verbreitet und konnte so als Symbol des ewigen Lebens dienen. Gleichzeitig zeigte der Auftraggeber des Grabmals mit diesem Bildmotiv sein politisch-gesellschaftliches Selbstverständnis als Einwohner des römischen Reiches, vielleicht sogar auch im rechtlichen Sinne als römischer Bürger. So wie die Wölfin die Kinder und Gründer Roms behütete, so sorgte auch Rom für seine Provinzen und die dort lebenden Menschen. Das aufwendige Grabmal weist den Verstorbenen eindeutig als Profiteur dieser fürsorgenden römischen Ordnung in den Grenzprovinzen am Limes aus, auch wenn uns sein Name und seine soziale Stellung innerhalb der Gesellschaft dieses römischen Grenzpostens verborgen bleiben.

**Literatur:** H. v. Hesberg, Grabmonumente. Ausdruck des sozialen Ranges. In: Imperium Romanum. Roms Provinzen an Neckar, Rhein und Donau. Begleitband zur Ausstellung des Landes Baden-Württemberg vom 1. Oktober 2005 bis 8. Januar 2006 (Esslingen 2005) 379–385. – S. Willer, Römische Grabbauten des 2. und 3. Jahrhunderts n. Chr. im Rheingebiet (Bonn 2005) 50–52.

# Bacchus als Laufgewicht einer Schnellwaage

von Martin Kemkes

Höhe: 9,5 cm, Gewicht: 860 g
Datierung: 2./3. Jh. n. Chr.
Fundort: Murrhardt, Rems-Murr-Kreis
Aufbewahrungsort: Landesmuseum Württemberg Stuttgart

Im täglichen Wirtschaftsleben der Römer spielte das genaue Abmessen von Gewichten nach einem allgemein gültigen Maßsystem eine genauso wichtige Rolle wie heute. Die Römer benutzten dafür zwei unterschiedliche Typen von Waagen. Neben den gleicharmigen Waagen mit zwei Schalen, bei denen das Abwiegen mit Gewichtssteinen erfolgte, waren im Alltag vor allem so genannte Schnellwaagen im Einsatz. Diese funktionierten nach dem Hebelgesetz und konnten je nach Aufhängungsabstand und Stellung des Waagbalkens mehrere Messbereiche umfassen. Die Feinabstimmung erfolgte mithilfe eines so genannten Laufgewichtes (*aequipondium*), das entlang des Waagbalkens verschoben wurde, bis dieser horizontal lag. Da der Waagbalken zusammen mit dem Laufgewicht geeicht werden musste, war dessen Eigengewicht nicht von Bedeutung.

Die Gestaltung der Laufgewichte war vielfältig und konnte vom einfachen Stein oder Bleiklumpen bis hin zu figürlichen Bronzebüsten reichen, wobei Darstellungen des Gottes Merkur als Schutzgott des Handels besonders beliebt waren. In Murrhardt wurde bereits um 1830 bei Kanalarbeiten ein solches Laufgewicht in Büstenform entdeckt, das der Finder zunächst als Gewicht an einer Schwarzwalduhr verwendete, bevor es von kundiger Seite der Stuttgarter Altertümersammlung übergeben wurde. Die Büste stellt den jugendlichen Gott Bacchus dar. Er trägt ein faltenreiches Gewand und das gelockte Haar ist mit einer Stirnbinde und Efeublättern verziert. Die hohl gegossene Büste ist von hinten mit Blei verfüllt, wodurch sie ihr ungewöhnlich hohes Gewicht erhielt.

**Literatur:** Frank Unruh in: Kunst im Alten Schloss/Württembergisches Landesmuseum Stuttgart (Stuttgart 1998) 57. – F. Haug/G. Sixt, Die römischen Inschriften und Bildwerke Württembergs [2](Stuttgart 1914) 585–586.

# Mode vor 1800 Jahren – Schuhe aus dem Brunnen

von Marcus G. Meyer

Datierung: 3. Jh. n. Chr.
Fundort: Welzheim, Rems-Murr-Kreis
Aufbewahrungsort: Archäologisches Landesmuseum Baden-Württemberg, Limesmuseum Aalen und Städtisches Museum Welzheim

Eine herausragende Entdeckung sind die vielen Lederreste aus dem 1976 ausgegrabenen Brunnen 1. In der seit der Antike feucht gebliebenen Verfüllung haben sich inmitten von Stallmist und Hausmüll viele Schuhteile und weitere organische sowie andere Überreste aus dem frühen 3. Jh. n. Chr. erhalten. Der in dieser Größe im Limesgebiet einmalige Fund bietet einen seltenen Einblick in Gegenstände des täglichen Lebens. Schuhe waren zwar ursprünglich in großer Zahl vorhanden, haben sich aufgrund des leicht vergänglichen Materials aber nur äußert selten erhalten.

Die insgesamt 258 Schuhreste stellen einen der größten Funde dieser Art im römischen Reich dar. Darunter sind 36 mehr oder weniger vollständige Exemplare von Frauen, Männern und Kindern, 122 größere Fragmente und Abfallstücke sowie etwa 100 Sohlen von genagelten Schuhen. Das vielfältige Spektrum der Schuhtypen umfasst geschlossene, mehrteilige Schuhe (*calcei*) wie Halbschuhe oder Stiefel, Sandalen (*soleae*), Pantinen bzw. Pantoffeln (*sculponeae*), darunter Korkpantoffeln sowie Schuhe, deren Sohle und Oberleder aus einem einzigen Stück Leder geschnitten wurden (*carbatinae*). Sie bestanden meist aus Leder von Rind und Kalb, teils auch von Reh und Hirsch sowie vereinzelt von Schaf und Ziege. Die Schuhe wurden unter Verwendung qualitativ guten Leders sauber gearbeitet. Sie sind genagelt, genäht oder aus einem Stück geschnitten. Einige weisen Verzierungen auf in Form von flach eingedrückten Zierlinien oder Strichen, dünnen Ritzmustern oder durch Punzen angefertigten Lochungen.

Die Auswertung ergab, dass in Welzheim überraschend viele Variationen von Schuhstilen zu finden sind – eine große Auswahl für einen Ort an der Grenze des römischen Reichs. Die Schuhmacher orientierten sich an der Mode in den Städten, die am Beginn des 3. Jh. n. Chr. einen reichen Formenschatz aufwies. Im Welzheimer Bestand lassen sich römische und einheimische Wurzeln erkennen. Römischen Ursprungs sind genagelte Schuhe sowie Sandalen oder Pantoffeln. Einheimische bzw. lokale Wurzeln besitzen dagegen die *carbatinae*; ein Exemplar weist sogar Parallelen in Germanien auf.

Bei den Funden handelt es sich durchweg um unbrauchbare Altschuhe, die äußerst lange getragen wurden, wie sehr starke Abnutzungsspuren zeigen; teilweise war die Sohle an mehreren Stellen vollständig durchgescheuert. Die aufgefundenen Stücke stellen demnach Schuhe bzw. Lederteile und Sohlen von Schuhen dar, die nicht mehr zu gebrauchen waren. Vermutlich lagen sie schon eine Zeit lang auf einem Abfallhaufen an der Oberfläche, wo die Teile aus dünnerem Leder bereits verrottet sind, bevor sie dann als Ganzes gleichzeitig im aufgegebenen Brunnen entsorgt wurden.

Die Schuhe gehörten überwiegend den Bewohnern der Zivilsiedlung. Sie gelangten sehr wahrscheinlich erst in den Brunnen, nachdem das Ostkastell im Laufe des ersten Drittels des 3. Jh. (210/220 n. Chr.?) vom Militär verlassen worden war. Sie könnten aus dem Fundus eines Schuhmachers stammen, der in der an das ehemalige Kastell angrenzenden Zivilsiedlung tätig war.

**Literatur:** C. v. Driel-Murray, Römischer Schuhfund in Welzheim. Jahreshefte des Historischen Vereins Welzheimer Wald 10, 1994, 44–53. – C. v. Driel-Murray, Die römischen Lederfunde. In: C. v. Driel-Murray/H.-H. Hartmann, Das Ostkastell von Welzheim, Rems-Murr-Kreis. Forschungen und Berichte zur Vor- und Frühgeschichte in Baden-Württemberg 42 (Stuttgart 1999) 9–114.

# Ein kleiner römischer Weidenkorb

von Lydia Walter

Höhe: 15,5 cm; Durchmesser: 23 cm
Datierung: Anfang 3. Jh. n. Chr.
Fundort: Welzheim, Rems-Murr-Kreis
Aufbewahrungsort: Archäologisches Landesmuseum Baden-Württemberg, Limesmuseum Aalen

„Wenn das bebaute Land sich weiterhin dehnt oder Weingärten und Gehölze groß sind, so sollen das ganze Jahr hindurch Körbe hergestellt werden [...]"

Columella, De re rustica 12,18,2.

In einem Brunnen im Ostkastell von Welzheim wurde ein recht gut erhaltener Korb gefunden. Aufgrund seiner geringen Höhe und seines Durchmessers kann man ihn als klein bezeichnen. Ein Griff hat sich erhalten. Leider lässt es sich heute nicht mehr nachweisen, ob es einen zweiten Griff gegeben hat, wovon allerdings auszugehen ist. Ein sehr ähnlicher Korb ist auf dem Grabstein des Maiorius Ianuarius aus Igel bei Trier dargestellt. Dieser liegt zwischen einem Dreschflegel und einer Hacke und hat zwei Griffe. Die Darstellung zeigt landwirtschaftliche Tätigkeiten, wobei es sich hier eher um einen größeren Erntekorb handelt. Das kleinere Exemplar aus Welzheim wird zur Lagerung von Gegenständen des täglichen Bedarfs gedient haben.

In der römischen Landwirtschaft gehörte das Korbflechten zum Alltag. Die Berufsbezeichnung „Korbflechter" (*vitor*) wird zum ersten Mal im 3. Jh. v. Chr. in den Komödien des Plautus erwähnt. Aus der Kaiserzeit sind die Begriffe *vitor* und *viminarius* überliefert, die beide sowohl für Handwerker als auch für Händler von Korbwaren benutzt wurden. Columella erwähnt Weidenkörbe wie auch den Korbweidenanbau (*salices viminales*) in seinem Buch „Über die Landwirtschaft" im 1. Jh. n. Chr. Für Casnium und für Ameria in Umbrien sind gewerbliche Produktionsstätten im städtischen Umkreis belegt. In diesen Stätten wurden besondere Weidenkulturen gezogen, aus denen dann die begehrten *corbulae amerinae* gefertigt wurden. Selbst Cato lobt die Qualität dieser Körbe (De agri cultura 135,3).

Weidenkörbe gehören zu den ältesten Aufbewahrungs- und Transportgefäßen. Sogar bei der Fertigung von Keramikgefäßen im 2. und 1. Jt. v. Chr. ließen sich die Menschen von geflochtenen Körben inspirieren. Bis heute sind Korbgefäße in den verschiedensten Bereichen in Gebrauch. Und auch heute werden sie imitiert, wenn man verschiedene Plastikkörbe genauer betrachtet.

**Literatur:** W. Gaitzsch, Antike Korb- und Seilerwaren. Schriften des Limesmuseums Aalen 38 (Stuttgart 1986). – U. Körber-Grohne et. al., Flora und Fauna im Ostkastell von Welzheim. Forschungen und Berichte zur Vor- und Frühgeschichte in Baden-Württemberg 14 (Stuttgart 1983).

# Der Paradeschildbuckel eines Reiters

von Andreas Thiel

Südöstlich des Alenkastells untersuchte das Landesamt für Denkmalpflege im Sommer 2011 zwei holzverschalte Brunnen innerhalb der römerzeitlichen Zivilsiedlung von Welzheim. Beide dürften im zweiten Drittel des 3. Jh. in Benutzung gewesen sein und wurden offenbar nach einem Schadensfeuer aufgegeben. Aus dem Schlamm am Grunde der Brunnenstuben stammen mehrere vollständig erhaltene Metallobjekte, darunter ein Messingeimer, Knieschutz und Beinschiene einer Reiterrüstung und ein knapp 24 cm großes Medaillon aus Messingblech mit einer aufwendigen figürlichen Verzierung.

Als zentrales Motiv zeigt die zum Teil papierdünn ausgetriebene Zierscheibe eine weibliche Büste in Frontalansicht eingerahmt von Bildern aus dem Kontext des Soldatenlebens bzw. von Schmuckelementen. Es dürfte sich um Virtus, die Personifikation der soldatischen Tapferkeit handeln. Nach Art einer Amazone gekleidet, hält sie in ihrer erhobenen Rechten eine (nicht ausgearbeitete) Lanze, an der linken Schulter ruht ein verkleinert wiedergegebener Rundschild. Auf dem Kopf trägt die Göttin einen pseudokorinthischen Helm, dessen dreifachen Helmbusch Adler zieren. Im Relief neben der Büste sind noch

Durchmesser: 23,6–23,7 cm
Datierung: Ende 2. und Anfang 3. Jh. n. Chr.
Fundort: Welzheim, Rems-Murr-Kreis
Aufbewahrungsort: Archäologisches Landesmuseum Baden-Württemberg, Städtisches Museum Welzheim

einmal der Adler Iuppiters, die geflügelte Siegesgöttin Victoria, eine Frauenmaske sowie drei so genannte Amazonenschilde wiedergegeben.

Wie Reste eines Querstegs auf der Rückseite verraten, schmückte das Medaillon als Schildbuckel einst die Mitte eines runden oder ovalen Reiterschildes. Da das dünne Blech der Hand des Trägers nur sehr eingeschränkten Schutz bot, ordnet man den Fund einer so genannten Paraderüstung zu. Zusammen mit anderen speziellen Rüstungsteilen schmückten sich mit ihnen sowohl Legions- als auch Auxiliarreiter bei Paraden, Turnieren (kultisch oder sportlich), Leichenfeiern oder anderen eher repräsentativen Einsätzen.

**Literatur:** J. Garbsch, Römische Paraderüstungen. Münchner Beiträge zur Vor- und Frühgeschichte 30 (München 1978). – A. Thiel, Virtus am Limes. Ein Paradeschildbuckel aus Welzheim. In: Römisch-Germanisches Zentralmuseum (Hrsg.), Missio Honesta. Festschrift für Barbara Pferdehirt zum 65. Geburtstag (Mainz 2014, im Druck).

# Feiner Duft exklusiv verpackt

von Marcus G. Meyer

Höhe: 9 cm
Datierung: 2./3. Jh. n. Chr.
Fundort: Welzheim, Rems-Murr-Kreis
Aufbewahrungsort: Archäologisches Landesmuseum Baden-Württemberg, Städtisches Museum Welzheim

Bei Ausgrabungen im so genannten Westkastell von Welzheim kamen 2005 die Reste eines aufwendig verzierten Parfümfläschchens zum Vorschein. Sie fanden sich in der verfüllten Baugrube einer holzverschalten Zisterne 10 m westlich des Fahnenheiligtums. Das noch rund 9 cm hohe Gefäß war bei seiner Auffindung zerstört und unvollständig. Es weist einen sechseckigen Querschnitt auf und besteht aus einem massiven Oberteil mit Ausguss sowie sechs einzelnen trapezförmigen Seitenteilen, die ursprünglich miteinander verlötet gewesen sein dürften. Heute fehlen der Fuß und ein Henkel. Wie zwei gegenüberliegende Durchbohrungen auf der Oberseite zeigen, wurde dieser von zwei Splinten mit Öse gehalten. Der ebenfalls verschollene Verschlussstöpsel war am Rand der Mündung befestigt, wie eine Durchbohrung belegt.

Das Besondere an dem Flakon ist seine Verzierung aus buntem Millefiori-Email. Dieses wird hergestellt, indem verschiedenfarbige und unterschiedlich starke Glasstäbe zu einem zusammengeschmolzen werden. Von dem neuen Glasstab werden nach dem Erkalten dünne Scheiben abgeschnitten und diese, wie hier, in flache Vertiefungen im Metall geschmolzen.

Das Welzheimer Fläschchen ist bislang einmalig. Es lässt sich jedoch gut mit drei ähnlichen Gefäßarten vergleichen: Von der Form und Größe her identisch, jedoch ohne Emailverzierung, ist ein Exemplar aus Bad Homburg-Schwarzenacker. Größere Maße und eine ornamentale Emailverzierung zeigen vier Exemplare aus Großbritannien und möglicherweise dem Rheinland. Sieben Fläschchen gleicher Größe mit Emailverzierung, aber rundem Querschnitt stammen aus England, Nordfrankreich, den Niederlanden und Deutschland. Die Technik der Emailverzierung stammt ursprünglich von den Kelten. Vor allem in Großbritannien hielt sie sich bis in die Römerzeit, in der sie zu neuer Blüte gelangte.

**Literatur:** K. Kortüm, Das Welzheimer Alenlager. Vorbericht zu den Grabungen im Westkastell 2005/2006. In: A. Thiel (Hrsg.), Neue Forschungen am Limes. Beiträge zum Welterbe Limes 3 (Bad Homburg v. d. H. 2008) 123–139. – D. J. Breeze (Hrsg.), The first souvenirs – enamelled vessels from Hadrian's Wall (Kendal 2012).

# Terra sigillata – feines Tischgeschirr aus „schwäbischer" Produktion

von Marcus G. Meyer

Höhe: 10 cm; Durchmesser: 19,3 cm
Datierung: 160–240/250 n. Chr.
Fundort: Welzheim, Rems-Murr-Kreis
Aufbewahrungsort: Landesmuseum Württemberg Stuttgart

Wie in allen militärischen und zivilen Siedlungen im Limesgebiet erfreuten sich auch die Bewohner des antiken Welzheim an dem glänzend roten und hochwertigen Tischgeschirr, das heute als Terra sigillata bezeichnet wird. Der größte Teil dieser Feinkeramik, die von etwa 160 bis 260 n. Chr. entlang des südlichen obergermanischen und raetischen Limes verwendet wurde, stammt aus dem großen Töpferzentrum im pfälzischen Rheinzabern, südlich von Speyer gelegen. Teilweise gleichzeitig produzierten Töpfereien in Waiblingen, Stuttgart-Kräherwald, Nürtingen sowie Stuttgart-Bad Cannstatt ebenfalls Terra sigillata, die in der Forschung als „Schwäbische Ware" bezeichnet wird. Es handelt sich dabei wohl überwiegend um Filialen von Rheinzaberner Töpferunternehmern. Produziert wurden reliefverzierte Schüsseln sowie unverzierte Gefäße wie Schüsseln, Reibschüsseln, Teller, Beilagengefäße und Trinkbecher. Charakteristisch für viele dieser Gefäße sind ein beige- bzw. rotorangefarbener Ton, schlecht haftende Überzüge und eine häufig schlechtere Qualität als die Rheinzaberner Produkte. Die Datierung des Herstellungszeitraums von ca. 160 bis 240/250 n. Chr. ist teils noch schwierig und unsicher.

Das Verbreitungsgebiet umfasst vor allem den Großraum Stuttgart, die Region bis in den Landkreis Heilbronn und bis in das nördlich der Donau gelegene raetische Limesgebiet. Besonders häufig findet sich Schwäbische Ware in Welzheim, wo deren Anteil an Terra sigillata über 50 % beträgt. Dies dürfte an einem günstigeren Verkaufspreis gelegen haben – aufgrund der Nähe von Welzheim zu den Töpfereien waren die Transportkosten im Vergleich zu Gefäßen aus Rheinzabern niedriger.

Die hier gezeigte Schüssel stammt von Reginus, dessen Gefäße in Waiblingen, im Kräherwald und Bad Cannstatt produziert wurden. Aus dem Welzheimer Ostkastell sind 25 Nachweise für Bilderschüsseln des Reginus bekannt. Der Produktionszeitraum fällt in die Jahre 165–180/190 n. Chr.

**Literatur:** H.-H. Hartmann, Die Terra sigillata aus dem Ostkastell von Welzheim. In: C. v. Driel-Murray/H.-H. Hartmann, Das Ostkastell von Welzheim, Rems-Murr-Kreis. Forschungen und Berichte zur Vor- und Frühgeschichte in Baden-Württemberg 42 (Stuttgart 1999) 117–187. – H. Riedl, Die schwäbische Reliefsigillata. Untersuchungen zur Bilderschüsselproduktion des 2. und 3. Jahrhunderts im mittleren Neckarraum. Forschungen und Berichte zur Vor- und Frühgeschichte in Baden-Württemberg 109 (Stuttgart 2009).

# Besitzermarke eines Feldzeichenträgers

von Martin Kemkes

Breite: 5,9 cm
Datierung: zweite Hälfte 2./erste Hälfte 3. Jh. n. Chr.
Fundort: Lorch, Ostalbkreis
Aufbewahrungsort: Archäologisches Landesmuseum Baden-Württemberg

Das Kastell Lorch, in der Niederung des Remstales unter dem heutigen Ortskern gelegen, ist das südlichste Lager am obergermanischen Limes. Auf der Höhe nördlich des Kastells beim heutigen Kloster knickte der von Norden vom Main über rund 80 km zum Teil schnurgerade nach Süden verlaufende Limes nach Osten um. Etwa 4 km weiter im Rotenbachtal bei Schwäbisch Gmünd lag die Provinzgrenze zwischen Obergermanien und Raetien. Die Besatzung des Lorcher Kastells überwachte somit nicht nur die Außengrenze des römischen Reiches, sondern auch den Verkehr auf der wichtigen West-Ost-Verbindung vom Neckar durch das Remstal und war sicher auch in die Kontrollen an der Provinzgrenze eingebunden. Nach den Untersuchungen der Reichs-Limeskommission von 1893 und 1895/96, fand erst 1986/87 wieder eine Ausgrabung im Kastellareal statt, bei der die Überreste von drei in Holz-Fachwerk-Technik errichteten Kasernen nachgewiesen wurden.

Das wichtigste Fundstück dieser Ausgrabung ist ein auf den ersten Blick unscheinbares Bronzeblech, dessen eingepunzte Inschrift wichtige Erkenntnisse zum römischen Lorch lieferte. Bei dem rechteckigen Täfelchen mit seitlichen Griffen (*tabula ansata*) handelt es sich um eine Besitzermarke, mit der die römischen Soldaten Teile ihrer Ausrüstung kennzeichneten. Die Inschrift nennt uns den Namen des Soldaten, seinen Rang und die Truppeneinheit, in der er diente:

Inschrift: *sig(niferi) c(o)ho(rtis) / c(enturiae) equ(i)tan(i)* oder *I (A)equ(i)tan(orum) / Bironius / Revincus s(igniferi)* – Übersetzung: (Besitz) des Feldzeichenträgers Bironius Revincus aus der centuria des Equitanus (oder) aus der 1. Aquitanierkohorte

Bironius Revincus war demnach Feldzeichenträger (*signifer*) und hatte nicht nur die ehrenvolle Aufgabe, das *signum* der Kohorte zu tragen, sondern war als Unteroffizier auch in der Verwaltung der Einheit für die Truppenkasse (*depositum*) und die Verrechnungen der Soldzahlungen verantwortlich. Die unsichere Lesung der zweiten Zeile lässt offen, ob hier seine Zugehörigkeit zu einer der sechs 80 Mann starken *centuriae* unter dem Kommando eines *Equitanus* genannt wird oder der Name der gesamten Einheit. Dabei ist jedoch problematisch, dass die 1. Aquitanierkohorte nach Inschriftenfunden eigentlich in den Kastellen Arnsburg und Stockstadt in der Wetterau bzw. am Main lokalisiert wird und somit durch die Lorcher Inschrift ein dritter Stationierungsort der Truppe postuliert werden müsste. Eine eindeutige Entscheidung ist leider nicht möglich.

**Literatur:** I. Stork, Neue Ergebnisse zum römischen Kastell Lorch, Ostalbkreis. Archäologische Ausgrabungen in Baden-Württemberg 1987 (Stuttgart 1988) 92–95. – H.U. Nuber, Zur Frühgeschichte der Stadt Lorch. In: Lorch – Beiträge zur Geschichte von Stadt und Kloster Lorch. Heimatbuch der Stadt Lorch 1 (Lorch 1990) 9–39 bes. 28–32.

# Ein Zeichen des Sieges

von Stefan F. Pfahl

Länge: 16,5 cm
Datierung:
Mitte 2. bis Mitte 3. Jh. n. Chr.
Fundort: Lorch, Ostalbkreis
Aufbewahrungsort: Archäologisches Landesmuseum Baden-Württemberg, Limesmuseum Aalen

1967 erwarb das (damalige) Württembergische Landesmuseum Stuttgart aus Privatbesitz ein innerhalb Süddeutschlands einmaliges, 16,5 cm großes *tropaeum* aus Bronze. Entdeckt wurde es bei Kanalisationsarbeiten in der Nähe des Kohortenkastells von Lorch. An zwei kreuzförmig verbundenen knorrigen Holzstämmen sind mehrere Waffen befestigt: Bekrönt wird es von einem Helm mit je einem Knopf im Stirnbereich und an den Schläfen; zwei dreieckige Wangenklappen hängen links und rechts herab. Die Helmkalotte ziert ein zweigeteilter, aus stilisierten Federn zusammengesetzter Helmbusch. Der Metallpanzer in der Mitte zeigt Verstärkungen am Hals-, Schulter und Leistenabschluss. Eine einfache Reihe Hüftlaschen läuft in der Leistengegend rundum. Komplettiert wird die Panzerung durch eine einfache Reihe von Schulter- und Schurzpteryges. Die Rückseite des Brustpanzers weist eine schmale, senkrecht verlaufende Rille auf. Auffallender sind zwei am Querholz befindliche, fast symmetrisch angeordnete Sechseckschilde mit rhombenförmigem Schildbuckel. Am senkrechten Langholz befinden sich, 4,7 cm oberhalb des unteren Endes, seitlich zwei waagerecht verlaufende Kerben. Dies könnten Indizien sein, dass die im Vollguss hergestellte Statuette ursprünglich in einen Sockel eingelassen war. Weder über die Waffen noch auf stilistischem Weg lässt sich das kleine *tropaeum* sicher datieren, sodass chronologische Indizien sich lediglich aus der Besetzungsdauer des Lorcher Kastells von der Mitte des 2. bis zur Mitte des 3. Jh. n. Chr. ableiten lassen. *Tropaea* waren ursprünglich Denkmäler der Flucht bzw. des Sieges und wurden auf dem Schlachtfeld an der Stelle errichtet, wo der Gegner sich zur Flucht gewendet und der Sieg errungen wurde. Sie bestanden aus an Baumstämmen aufgehängten Waffenteilen der feindlichen Kriegsbeute. Vor diesem Hintergrund ist das Lorcher Stück zu sehen, das römische wie nichtrömische Waffen zeigt. Welche Funktion dem Stück ursprünglich zukam, lässt sich auch durch Vergleiche mit ähnlichen Stücken aus Algerien, Deutschland, Frankreich, der Schweiz und Syrien schwer sagen; plausibel erscheint eine Verwendung als Amulett.

**Literatur:** H. U. Nuber, Zur Frühgeschichte der Stadt Lorch. In: Lorch – Beiträge zur Geschichte von Stadt und Kloster Lorch. Heimatbuch der Stadt Lorch 1 (Lorch 1990) 9–38. – St. F. Pfahl, Das römische Bronzetropaeum von Lorch und verwandte Stücke. Fundberichte aus Baden-Württemberg 18, 1993, 117–135.

# Zum Speisen gelagert – ein so genanntes Totenmahlrelief

von Nina Willburger

Höhe: 70 cm; Breite: 63 cm; Tiefe: 46 cm
Datierung: um 200 n. Chr.
Fundort: Schwäbisch Gmünd, Ostalbkreis
Aufbewahrungsort: Archäologisches Landesmuseum Baden-Württemberg, Limesmuseum Aalen

Das 1977 im Gräberfeld Schirenhof entdeckte Relief war in ein um 200 n. Chr. errichtetes Pfeilergrabmal eingelassen. Zu erkennen ist ein auf einer Kline liegender Mann. Vor ihm stehen drei Becher auf einem runden, dreifüßigen Tisch, dessen geschwungene Beine in Raubtierpfoten auslaufen. Links befindet sich ein Diener.

Das Relief gehört zum Typus der so genannten Totenmahlreliefs, heutzutage meist als Mahlreliefs bezeichnet, einem der beliebtesten Motive der Grabplastik in den germanischen Provinzen. Es findet sich dort ab 70/80 n. Chr. auf Soldaten- und Veteranengrabsteinen, meist bei Angehörigen der Reiterei. Ab der zweiten Hälfte des 2. Jh. n. Chr. häufen sich die Funde in der Provinz *Belgica*. Im 2. Jh. n. Chr. greifen zunehmend Zivilisten auf das Motiv zurück und seit dem ausgehenden 2. Jh. n. Chr. ist es bei Soldaten nicht mehr nachzuweisen.

Typologisches Vorbild sind Grabreliefs mit gelagerten Heroen aus Nordgriechenland und Kleinasien. In die germanischen Provinzen wurden die Mahlreliefs wohl durch Hilfstruppen aus Thrakien eingeführt.

Die Deutung ist unklar: Neben religiösen verbergen sich wohl auch soziale Aspekte dahinter. Bei den Auftraggebern aus dem Militär handelt es sich meist um einfache Auxiliarsoldaten. Diese konnten sich das abgebildete Mobiliar und Geschirr realiter nicht leisten. Die Soldaten, die als Nicht-Römer in der Armee dienten, versuchten sich möglicherweise damit in eine höhere soziale Sphäre zu rücken. Da das Liegen zu Tisch eine römische Sitte war, konnte zudem die eigene *romanitas* zur Schau gestellt und mit der Darstellung des Festmahls die Erwartung eines freudigen Lebens im Jenseits demonstriert werden. Ob, wie bei den Vorbildern, die eigene Heroisierung zum Ausdruck gebracht werden sollte, muss offen bleiben.

**Literatur:** P. Noelke, Grabreliefs mit Mahldarstellungen in den germanisch-gallischen Provinzen – Soziale und religiöse Aspekte. In: P. Fasold/Th. Fischer (Hrsg.), Bestattungssitte und kulturelle Identität. Xantener Berichte 7, 1998, 399–418. – J. Fabricius, Die hellenistischen Totenmahlreliefs. Grabpräsentation und Wertvorstellungen in ostgriechischen Städten. Studien zur antiken Stadt 3 (München 1999). – N. Willburger, Die so genannten Totenmahlreliefs. In: Tod am Limes. Die römischen Gräber von Schwäbisch Gmünd. Ausstellungskatalog Schwäbisch Gmünd (Schwäbisch Gmünd 2005) 32–35.

# Fiat lux – Licht für das Jenseits

**von Martin Dietrich**

Höhe Kerzenständer: 17,5 cm; Länge Tonlampen: ca. 8–10,5 cm
Datierung: 2. Jh. n. Chr.
Fundort: Schwäbisch Gmünd, Ostalbkreis
Aufbewahrungsort: Archäologisches Landesmuseum Baden-Württemberg, Limesmuseum Aalen

Im Jahr 1977 wurde in Schwäbisch Gmünd in der Nähe des Kastells Schirenhof ein römischer Brandgräberfriedhof ergraben. Im Rahmen dieser Maßnahme kamen unter anderem zahlreiche römische Tonlampen sowie ein Kerzenhalter aus Eisen zutage. Die vier hier abgebildeten Gegenstände stammen aus verschiedenen Gräbern. Es handelt sich bei den Lampen um eine Bildlampe mit der Darstellung eines von zwei Fackeln flankierten, brennenden Altars und um zwei so genannte Firmalampen. Die größere der beiden weist auf der Unterseite einen der für diesen Typus namengebenden Herstellerstempel auf, der sie als ein Fabrikat des LVCIVS ausweist. Wertvoller und entsprechend seltener als solche Lampen aus Ton waren Kerzenständer aus Eisen, zu denen auch das dreibeinige Exemplar im Gräberfeld von Schwäbisch Gmünd gehört.

Utensilien zur Beleuchtung, insbesondere Lampen, sind in römischer Zeit in Gräbern relativ häufig. Sie können in manchen Fällen ebenso wie andere Beigaben als ehemaliger Besitz des Verstorbenen in das Grab gegeben worden sein. Es ist aber durchaus wahrscheinlich, dass ihnen darüber hinaus eine symbolische Bedeutung zukommt. Hierfür spricht die Tatsache, dass viele der in Gräbern gefundenen Lampen keinerlei Gebrauchsspuren aufweisen, sie also vor der Beisetzung des Verstorbenen nie in Benutzung waren. Diese Stücke wurden mit hoher Wahrscheinlichkeit speziell für die Verwendung als Grabbeigabe hergestellt. Utensilien zur Beleuchtung kommen in römischen Gräberfeldern aber nicht nur innerhalb der Gräber vor, sondern wurden bisweilen auch an deren Oberfläche deponiert. Diese Praxis wird teilweise als Hinweis auf ein am Grab abgehaltenes Totenopfer angesehen.

**Literatur:** D. M. Bailey, Greek and Roman Pottery Lamps [2](Oxford 1972). – D. Planck, Der römische Brandgräberfriedhof von Schwäbisch Gmünd/Schirenhof, Ostalbkreis. Archäologische Ausgrabungen 1977. Bodendenkmalpflege in den Reg.-Bez. Stuttgart und Tübingen (Stuttgart 1978) 67–74. – A. Hensen, Öllampen der römischen Nekropole von Heidelberg. Indikatoren einer Energiekrise in der Provinz. In: J. Biel/J. Heiligmann/D. Krausse, Landesarchäologie. Festschrift für Dieter Planck zum 65. Geburtstag. Forschungen und Berichte zur Vor- und Frühgeschichte in Baden-Württemberg 100 (Stuttgart 2009) 425–441.

# Altar für die Grenzgottheiten?

von Martin Kemkes

Höhe: noch 66 cm, Breite: 86 cm
Datierung: zweite Hälfte 2. Jh. n. Chr.
Fundort: Rotenbachtal bei Schwäbisch-Gmünd, Ostalbkreis
Aufbewahrungsort: Archäologisches Landesmuseum Baden-Württemberg, Limesmuseum Aalen

Im Rotenbachtal westlich von Schwäbisch Gmünd stieß die Binnengrenze (*fines*) zwischen den beiden Provinzen Obergermanien und Raetien auf die Sperranlagen des Limes. Der Nachweis gelang bereits im Jahr 1892 durch den Major a.D. Heinrich Steimle, der als Streckenkommissar im Auftrag der Reichs-Limeskommission diesen Abschnitt untersuchte. Er entdeckte im Hang etwa 90 m westlich des Rotenbachs einen 1,2 m breiten Mauerkopf und damit den Beginn der raetischen Limesmauer. Diese verlief von hier nach Osten, überquerte den Rotenbach und zog sich dann mit Stützpfeilern verstärkt den steilen Osthang des Tales hinauf. Eichenpfosten im Bachbett konnten während einer Nachuntersuchung 1983 dendrochronologisch untersucht und auf das Jahr 163/164 n. Chr. datiert werden. Etwa 200 m westlich des Maueranfangs folgte auf der Höhe mit dem 0,06 ha großen Kleinkastell Kleindeinbach die erste obergermanische Militäranlage, während auf raetischer Seite oberhalb der Einmündung des Rotenbachtales in das Remstal das etwa 0,29 ha große Kastell Freimühle lag. Die dort stationierten rund 60 Soldaten waren wahrscheinlich auch in die Kontrolle des eigentlichen Grenzüberganges an der Remstalstraße eingebunden, während die rund 500 Soldaten des auf der Südseite des Remstales gelegenen Kohortenkastells Schirenhof die Überwachung des raetischen Limes in Richtung Osten übernahmen.

Die markante Grenzsituation spiegelt sich auch in einem Altarfragment aus Stubensandstein wider, das Major Steimle bereits 1895 nur wenige Meter vom Beginn der raetischen Mauer entfernt gefunden hatte. Die Maße des Fragmentes lassen auf eine ursprüngliche Größe von mindestens 160 cm schließen. Erhalten hat sich allerdings nur der obere Abschluss des Altars mit einem profilierten Gesims und vier Rosetten. Von der ursprünglichen Inschrift sind keine Reste mehr vorhanden. Gut zu vergleichen sind zwei ähnliche Altäre von der Provinzgrenze zwischen Nieder- und Obergermanien im Vinxtbachtal bei Remagen am Rhein, die von Legionssoldaten aus Xanten und Straßburg dem Schutzgeist des Ortes (*Genius loci*) und den Grenzgottheiten (*Fines*) geweiht wurden. Einer dieser Soldaten versah als so genannter Beneficiarier auf der Grenzstation seinen Dienst.

Auch der Altar aus dem Rotenbachtal könnte dem *Genius Loci* oder den *Fines* geweiht gewesen sein. Die Deutung der strahlenartig angeordneten Rillen auf der Vorderseite bleibt dagegen unklar. Da sie nicht symmetrisch von der Mitte der Vorderseite ausgehen, handelte es sich wohl eher nicht um eine Verzierung, sondern um eventuell auch erst nachrömisch entstandene Werkzeugspuren.

**Literatur:** O. Paret, ORL Abt. A Strecke 12 (1935) 42–44; 94. – H. U. Nuber, Die Provinzgrenze im Rotenbachtal. In: D. Planck (Hrsg.) Die Römer in Baden-Württemberg (Stuttgart 2005) 313–314.

# Ein rätselhafter Bronzefuß

von Lydia Walter

In den 1980er-Jahren wurde in Böbingen ein rechteckiges Gebäude mit einer rechteckigen Apsis ausgegraben, das mit einer Fußbodenheizung versehen war. Aufgrund der Form wie auch der Kleinfunde kann man hier wohl von einer *schola*, dem Versammlungsraum eines *collegiums*, sprechen, die eventuell auch für kultische Zwecke genutzt wurde. Das Gebäude liegt südöstlich des 2 ha großen Kohortenkastells am Rande des bekannten *vicus* und datiert in die zweite Hälfte des 2. Jh. n. Chr.

Zu den interessanten Objekten, die dort gefunden wurden, gehört eine Bronzeplatte mit einem menschlichen Fuß, der mit einer *solea* (Sandale) bekleidet ist. Es handelt sich um eine einfache Sandale. Zwischen dem großen und dem zweiten Zeh zieht sich ein Riemen über den Fußrücken bis zum Knöchel hoch. Dort ist er an Riemen oder Bändern befestigt, die um den Knöchel liegen. Die Sohle ist nicht erkennbar. Der Fuß ist hohl gegossen. Am oberen Ende ist der Rand abgerundet. Die Funktion konnte bisher noch nicht eindeutig geklärt werden. Aufgrund seiner geringen Höhe kann eine Deutung als Kerzenhalter wohl ausgeschlossen werden. Auch die Ansprache als Rest einer Bronzefigur ist wenig stichhaltig, da der obere Rand abgerundet ist und keine Bruchspuren aufweist. Die Interpretation als Stilushalter ist dagegen eher wahrscheinlich und würde auch zur Deutung des Gebäudes als *schola* passen.

In römischer Zeit waren Schuhe keine unübliche Darstellungsform. Unterschiedliche Objekte wurden in Schuhform gefertigt, wie zum Beispiel Schlüssel, Fibeln, Glasflakons und Toilettengeräte. Auch Töpferstempel konnten die Form einer Schuhsohle haben. Besonders Sandalen waren in der Kaiserzeit sehr beliebt, denen eine besonders glückbringende und unheilabwehrende Kraft zugeschrieben wurde.

**Literatur:** D. Planck, Ein römischer Kultbau in Böbingen, Ostalbkreis. Archäologische Ausgrabungen in Baden-Württemberg 1980 (Stuttgart 1981) 171–175. – P. Knötzele, Römische Schuhe. Luxus an den Füßen. Schriften des Limesmuseums Aalen 59 (Stuttgart 2007) 71–73.

Höhe: 4,5 cm
Datierung: 2./3. Jh. n. Chr.
Fundort: Böbingen, Ostalbkreis
Aufbewahrungsort: Archäologisches Landesmuseum Baden-Württemberg, Limesmuseum Aalen

# Statuette des jugendlichen Kriegsgottes Mars

von Martin Dietrich

Im *vicus* des Kohortenkastells von Unterböbingen wurde im Jahr 1963 eine knapp 20 cm große Bronzestatuette des Mars als Teil eines Eisendepotfundes entdeckt. Diese in das 2./3. Jh. n. Chr. datierende Figur zeigt den römischen Kriegsgott als jugendlichen Mann ohne Bart. Abgesehen von einem Helm mit hohem, von vorne nach hinten verlaufendem Helmbusch ist die Figur unbekleidet. Diese Darstellungsvariante des Mars unterscheidet sich von zahlreichen anderen antiken Bildnissen des Gottes, die ihn überwiegend mit Bart und in voller Rüstung präsentieren.

Die Haltung der Böbinger Marsfigur hingegen erinnert stark an andere Darstellungstypen des Gottes, beispielsweise an den des Mars Ultor. Der rechte Arm ist erhoben und leicht angewinkelt. In der rechten Hand, die nicht vollständig geschlossen ist, sondern einen Hohlraum für ein Attribut freilässt, dürfte sich demnach eine Lanze befunden haben, auf welche sich die Figur stützte. Analog hierzu ist auf der linken Seite unterhalb des nach unten ausgestreckten Armes ein auf dem Boden stehender Schild anzunehmen, dessen oberen Rand der Gott mit seiner linken Hand umfasste. Lötspuren am Handrücken der linken Hand könnten jedoch auch auf eine Anbringung des Schildes direkt an selbigem hinweisen. Ebenso wie die Attribute Lanze und Schild ist auch eine Basis oder Standplatte, auf der die Figur ursprünglich gestanden haben muss, verloren gegangen. Für das vormalige Vorhandensein einer solchen Standhilfe sprechen Lötspuren an den Sohlen beider Füße. Das durchgestreckte linke Bein ist als Standbein der Figur anzusprechen. Das rechte Bein ist leicht nach hinten versetzt. Kopf und Helm der relativ grob modellierten Statuette sind als Hohlguss, der Körper als Vollguss ausgeführt.

Höhe: 11,8 cm
Datierung: 2./3. Jh. n. Chr.
Fundort: Böbingen, Ostalbkreis
Aufbewahrungsort: Archäologisches Landesmuseum Baden-Württemberg, Limesmuseum Aalen

**Literatur:** A. H. Nuber, Ein Mars von Böbingen an der Rems. Germania 41, 1963, 350–356. – M. Kemkes/N. Willburger, Der Soldat und die Götter – Römische Religion am Limes. Schriften des Limesmuseums Aalen 56 (Esslingen 2004) 70–72.

## Fragment eines Kaiserporträts am Limes

von Martin Kemkes

Länge: 5,94 cm
Datierung: 222–235 n. Chr.
Fundort: Mögglingen, Ostalbkreis
Aufbewahrungsort:
Archäologisches Landesmuseum Baden-Württemberg

Die Bronzenase wurde 1997 nur wenig südlich des Limes bei Mögglingen in einem Bachbett entdeckt. Der Fundort liegt etwa 2 km westlich des Kolbenbergs, einer markanten Erhebung im Ostalbkreis, an welcher der von Westen kommende Limes mit einem deutlichen Knick nach Nordosten umbiegt. Nachuntersuchungen erbrachten in den Jahren 2012/2013 weitere knapp 100 kleinteilige Fragmente, die ursprünglich zur Panzerstatue eines römischen Kaisers gehörten.

Teile von Bronzestatuen wurden seit den Grabungen der Reichs-Limeskommission Ende des 19. Jh. immer wieder entlang des Limes gefunden. Inzwischen liegen aus über 20 Kastellen mehrere Tausend Fragmente solcher Statuen vor, die von den jeweiligen Einheiten meist in den Stabsgebäuden (*principia*) aufgestellt wurden. Nach den erhaltenen Inschriftensockeln reicht das zeitliche Spektrum von Antoninus Pius (138–161 n. Chr.) bis zu Gordian III. (238–244 n. Chr.), wobei der Schwerpunkt eindeutig in der Zeit der severischen Kaiser zwischen 193 und 235 n. Chr. liegt.

Mit Ausnahme des Porträts Gordians III. aus Niederbieber erlauben die meist sehr kleinteiligen Fragmente keine konkrete Bestimmung der Person. Im Falle der Mögglinger Nase und der wenigen erhaltenen Haarteile weist der Vergleich mit entsprechenden Münzporträts allerdings auf ein Bildnis des Severus Alexander hin, der von 222 bis 235 n. Chr. regierte. Dieser musste nach dem ersten großen Germaneneinfall im Jahr 233 n. Chr. seinen Feldzug im Osten gegen die Parther abbrechen und mit seinen Soldaten an den Limes ziehen, um einen Feldzug gegen die Germanen vorzubereiten. Es ist gut möglich, dass aus diesem Anlass entlang des Limes Ehrenstatuen für Severus Alexander errichtet wurden. Im Jahr 235 n. Chr. wurde der Kaiser allerdings zusammen mit seiner Mutter Iulia Mamaea in Mainz von meuternden Soldaten ermordet, woraufhin im Zuge der *damnatio memoriae* alle seine Bildnisse und Inschriften im ganzen Reich zerstört wurden. Das Schicksal der Statue von ihrer Zerstörung an einem unbekannten Ort bis hin zur Verlagerung der Fragmente in das Bachbett am Limes bleibt bis auf Weiteres noch ein Geheimnis.

**Literatur:** M. Kemkes, Das Bild des Kaisers an der Grenze – ein neues Großbronzenfragment vom raetischen Limes. In: A. Thiel (Hrsg.), Neue Forschungen am Limes. Beiträge zum Welterbe Limes 3 (Stuttgart 2008) 141–153.

# Eine Standarte des Iuppiter-Dolichenus-Kultes

von Martin Kemkes

Höhe des Adlers: 4,5 cm; Länge des Bleches : 20,5 cm
Datierung: 3. Jh. n. Chr.
Fundort: Aalen, Ostalbkreis
Aufbewahrungsort: Archäologisches Landesmuseum Baden-Württemberg, Limesmuseum Aalen

Das Fahnenheiligtum im hinteren Teil des Stabsgebäudes bildete in jedem Limeskastell den religiösen und ideellen Mittelunkt. Dort standen mit den Feldzeichen nicht nur die wichtigsten Identifikationssymbole der Soldaten, sondern in der Regel wurden hier auch ihre Ersparnisse bzw. die Truppenkasse und andere Wertsachen (*depositum*) verwahrt. Dies gilt auch für das Kastell Aalen, wo unter dem eigentlichen Fahnenheiligtum ein etwa 34 $m^2$ großer Keller lag, der nur von oben über eine Leiter erreicht werden konnte. Bei den Ausgrabungen der Reichs-Limeskommission im Jahr 1894/95 und in den Jahren ab 1979 konnten hier eine Reihe herausragender Funde geborgen werden, u. a. 32 Silbermünzen eines verschleiften Münzdepots, Reste von Feldzeichen und über 1000 Fragmente von Bronzestatuen, die bereits für das Wiedereinschmelzen zerkleinert worden waren.

Als außergewöhnliche Objekte aus diesem Befund gelten auch das verzierte Bronzeblech einer Kultstandarte und ein kleiner Bronzeadler, der als Aufsatz dieser Standarte gedient haben könnte. Das ursprünglich dreieckige Blech ist mit eingravierten Darstellungen verziert. Das Hauptmotiv in der Mitte bildeten links Iuppiter Dolichenus im Panzer auf einem Stier stehend und in der Linken das Blitzbündel haltend. Der Kopf wie auch die erhobene Rechte mit einer Doppelaxt sind verloren. Links neben ihm, getrennt durch einen Baum, steht Iuno Dolichena auf einer Kuh, wobei von der Göttin nur noch Füße und Unterschenkel zu sehen sind. Im unteren Bildregister ist noch der Kopf des Mars, die Göttin Minerva sowie einer der Castores Dolicheni mit Palmzweig auf einem Stier zu erkennen. Das Blech war ursprünglich wohl auf eine Holzplatte genietet, die an einer Stange befestigt wurde. Als Bekrönung dieser Kultstandarte könnte die kleine Adlerfigur gedient haben, die auf der Unter- bzw. Rückseite eine rechteckige Aussparung zur Befestigung einer Holzstange besitzt.

Der Kult des Iuppiter Dolichenus breitete sich von seinem Ursprungsort im syrischen Doliche nach Westen aus und war besonders im militärischen Umfeld ausgesprochen beliebt. Im 2. und 3. Jh. n. Chr. entwickelte sich der Gott zu einem universalen Bewahrer der Reichsordnung, was sich auch in der ikonographischen Nähe zum römischen Iuppiter und zur Person des Kaisers widerspiegelt. Unklar bleibt jedoch, wie weit der Kult Eingang in die offizielle Heeresreligion fand. Auch beim Aalener Befund bleibt vorerst unklar, ob die Standarte zur Ausstattung des Fahnenheiligtums gehörte, oder ob ihre Fragmente hier als Altmetall gesammelt wurden.

**Literatur:** M. Kemkes/M. Scholz, Das Römerkastell Aalen. UNESCO-Welterbe. Die Limesreihe-Schriften des Limesmuseums Aalen 58 (Stuttgart 2012) 40–42. – E. Winter, Der Gott auf dem Stier. Der Kult des Iuppiter Dolichenus. In: Imperium der Götter. Isis-Mithras-Christus. Kulte und Religionen im römischen Reich. Katalog zur Ausstellung im Badischen Landesmuseum Karlsruhe (Darmstadt 2013) 267–275.

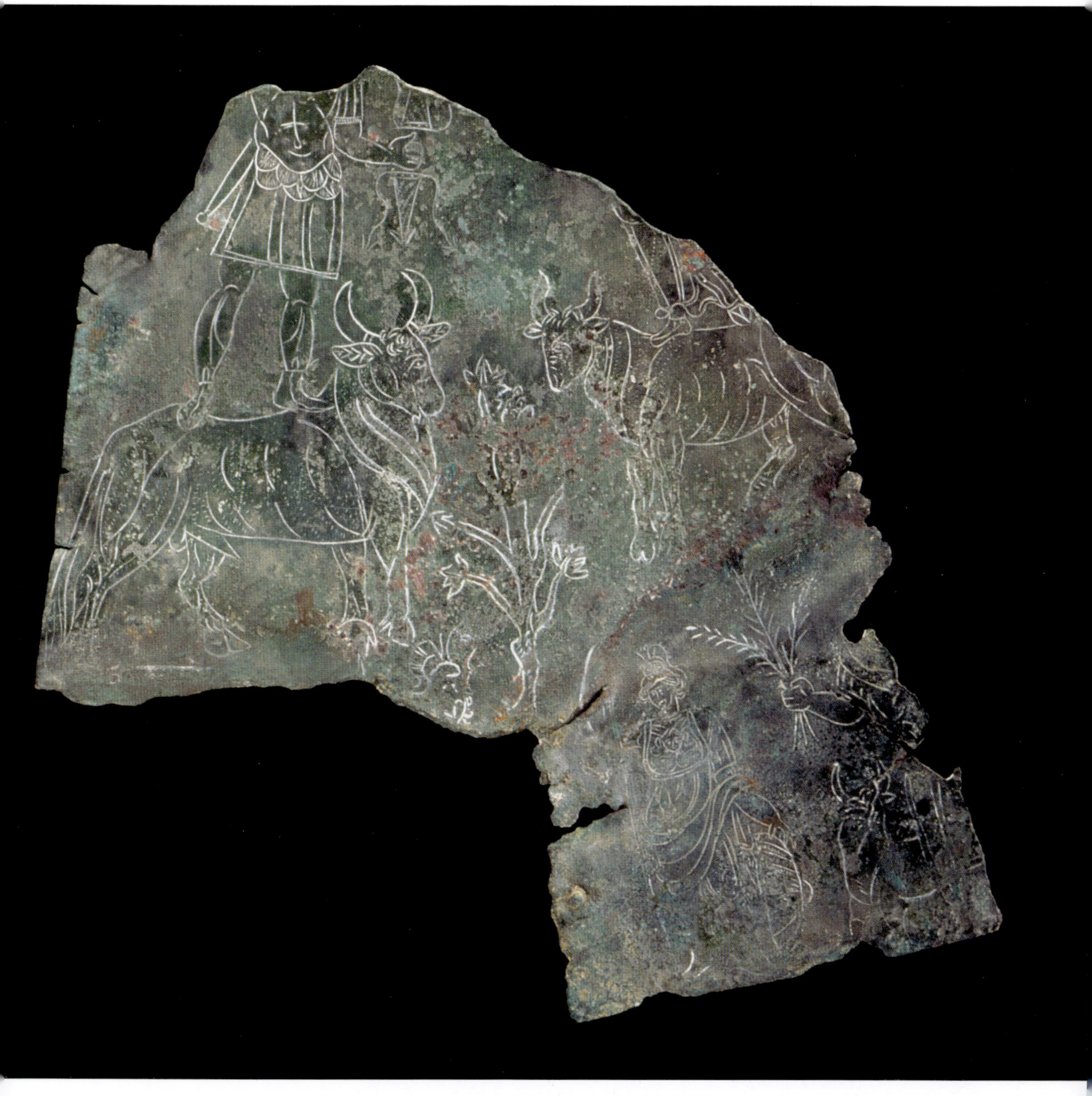

# Der Fugenstrich der Kastellmauer

von Lydia Walter

Datierung: 2. Jh. n. Chr.
Fundort: Aalen, Ostalbkreis
Aufbewahrungsort: Archäologisches Landesmuseum Baden-Württemberg, Limesmuseum Aalen

Das annähernd rechteckige Reiterkastell Aalen besitzt eine Gesamtfläche von 6,07 ha. Die Fundamentbreite der Mauern beträgt 1,7 m und die Breite des aufgehenden Mauerwerks 1,4 m. Leider hat sich das Originalmauerwerk durch den Steinraub in nachrömischer Zeit nur an wenigen Stellen erhalten. Die Höhe wurde auf ca. 4,8 m rekonstruiert. Zu diesen 4,8 m sollten allerdings die Zinnen noch dazugerechnet werden. Die Mauern bestanden aus weißem Jurakalkstein, der sorgfältig aufeinander gesetzt wurde. Der weiße Jura bildet die oberste Schicht des so genannten Süddeutschen Jura, der auf der Schwäbischen Alb häufig vertreten ist.

Trotz des hellen Bausteins hat man die Mauer weiß verputzt. Um ein besonders repräsentatives Aussehen vorzutäuschen, wurden zusätzlich regelmäßige größere Quadersteine durch Einritzungen in den Putz imitiert. Diese Ritzungen wurden dann mit roter Farbe nachgezogen. Darauf weisen zahlreiche Reste, insgesamt 44 Bruchstücke, von Mauerverputz samt Fugenstrich hin, die bei den Ausgrabungen der Kastellmauer gefunden wurden.

Diese Art des Mauerverputzes ist bei den Kastellen in den römischen Provinzen weit verbreitet und ein wichtiges Element der Fassadengestaltung. Auch auf bildlichen Darstellungen kann man sie erkennen, wie zum Beispiel auf der Traianssäule in Rom (Szene XXVII).

Diese Art der Fassadengestaltung vermittelte ein Bild von Ordnung und Genauigkeit und stand zugleich für die Bedeutung und Macht der jeweiligen Truppe hinter der Kastellmauer.

**Literatur:** M. Kemkes / M. Scholz, Das Römerkastell Aalen. UNESCO-Welterbe. Die Limesreihe-Schriften des Limesmuseums Aalen 58 (Stuttgart 2012) 30–31.

# Eine römische Goldkette

von Lydia Walter

Länge: 25,4 cm
Datierung: 2./3. Jh. n. Chr.
Fundort: Aalen, Ostalbkreis
Aufbewahrungsort: Archäologisches Landesmuseum Baden-Württemberg, Limesmuseum Aalen

Die Goldkette wurde 1974 beim Aushub einer Baugrube in der Gartenstraße in Aalen gefunden. Die Straße liegt im südlichen Randbereich des Kastellvicus. Leider wurden keine zugehörigen Funde, welche die Kette datieren könnten, gemacht. Auch die Befunde an dieser Stelle sind nicht besonders aussagekräftig. Es wurden ein steinerner Abwasserkanal, womöglich ein Rest einer Steinpflasterung, Teile einer hölzernen Wasserleitung sowie ein größerer Grubenkomplex beobachtet. Man geht davon aus, dass die Goldkette wohl aus dem großen Grubenkomplex stammt.

Die vollständig erhaltene Goldkette besteht aus 18 Kettengliedern, 18 kobaltblauen Glasperlen, einer Öse und einem Haken. Die Glasperlen sind gleichmäßig gefertigt. Nur die mittlere Perle ist größer. Man kann annehmen, dass sie absichtlich größer gewählt wurde. Aufgrund der geringen Länge lässt sich vermuten, dass es sich um eine Halskette für Kinder handelt.

Ketten gleicher Machart wurden in den Depotfunden von Wiggensbach und Rembrechts gefunden. Auch sind zwei sehr ähnlich aussehende Ketten aus dem heutigen Serbien bekannt. Beide wurden ebenfalls aus Golddraht gefertigt. Sie unterscheiden sich lediglich in der Art der Perlen. Die Kette aus Kostelac, dem römischen Viminacium, wurde mit Rubinperlen versehen. Die zweite Kette aus einem unbestimmten Fundort enthält Perlen aus „pâte bleue“, einer blauen Glaspaste.

Während der gesamten römischen Kaiserzeit waren Halsketten sehr verbreitet, was durch die ungewöhnlich vielfältige Überlieferung bezeugt wird. Es war Mode, sie mehr oder weniger eng um den Hals zu tragen. Neben reinen Metallketten erfreuten sich zunehmend Ketten aus Gold oder Silber mit Stein- bzw. Glasperlen großer Beliebtheit.

**Literatur:** Ch. J. Raub, Technologische Untersuchungen einer römischen Goldkette aus Aalen. Fundberichte aus Baden-Württemberg 3, 1977, 388–401. – M. Vasić / L. Zotović, Rimski Nakit u narodnom Museju u Beogradu. Zlatan Nakit (Beograd 1996).

# Eine Goldmünze des Vespasian

von Stefan F. Pfahl

Datierung: 72/73 n. Chr.
Fundort: Aalen, Ostalbkreis
Aufbewahrungsort: Landesmuseum Württemberg Stuttgart, Münzkabinett

Bei den Ausgrabungen in den *principia* des Alenlagers in Aalen brach man 1984 auch den massiven Estrichboden im zentral gelegenen Fahnenheiligtum auf. Dabei fand sich eine in den Mörtel „eingebackene", 7,26 g schwere Goldmünze. Sie zeigt auf der Vorderseite die Büste Vespasians nach links, mit einem Lorbeerkranz und der leider nicht ganz erhaltenen Legende IMP(erator) VESPAS(ianus) AVG(ustus) P(ontifex) M(aximus) TRI(bunicia P(otestate) P(ater) P(atriae) CO(n)S(ul) IIII. Auf der Rückseite erscheint der Kaiser als stehender, nach links gewandter Mann, in der Linken eine Lanze, der seine rechte Hand einer vor ihm knienden, mit einer Mauerkrone versehenen *Tyche* reicht. Die knappe Umschrift lautet PAX AVGVSTI. Geprägt wurde der *aureus* 72/73 n. Chr. in *Antiochia (ad Orontem)*, dem heutigen Antakya in der Südtürkei. Von der vespasianischen Prägetätigkeit an diesem Ort berichtet auch der Historiker Tacitus in den Historien 2,82: „*Apud Antiochenses aurum argentumque signatur* – in Antiochia wurde Gold und Silber gemünzt". Die Fundumstände der Aalener Goldmünze sprechen gegen einen zufälligen Verlust und für ein Bauopfer. Schwer zu erklären sind Prägezeit wie -ort. Immerhin geht die Gründung der Aalener Haustruppen, der *Ala II Flavia milliaria pia fidelis*, auf Vespasian zurück, und er befand sich zum Zeitpunkt seiner Ausrufung zum Kaiser im Osten. Das erklärt aber nicht, warum man beim Bau des zentralen Verwaltungsgebäudes im Aalener Lager, dessen Gründung erst in der Mitte des 2. Jh. n. Chr. erfolgte, auf eine Altprägung zurückgriff. War hier möglicherweise Nostalgie im Spiel? Jedenfalls steht die im Mörtel versenkte Goldmünze in einem reizvollen Kontrast zur sattsam bekannten Sparsamkeit ihres Prägeherrn. Dass Gold auch andernorts bei Bauopfern Verwendung fand, überliefert wiederum Tacitus in seinen Historien (ebd. 4,53) bei der Beschreibung der Grundsteinlegung für die Wiedererrichtung des im Bürgerkrieg zerstörten Kapitolinischen Tempels in Rom: „*Passimque iniectae fundamentis argenti aurique stipes* – dass man also allenthalben auf die Fundamente Spenden aus Silber und Gold warf, wobei diese Metalle nicht bereits für andere Zwecke genutzt worden sein durften – *ne temeraretur opus saxo aurove in aliud destinato*". Ergo sah man in der Hauptstadt Rom bei Bauopfern von der Verwendung von Goldmünzen ab, während man beim Bau eines Reiterlagers an der provinzialen Peripherie darauf zurückgriff – möglicherweise in Ermangelung „reinen" Goldes.

**Literatur:** I. A. Carradice/T. V. Buttrey, The Roman Imperial Coinage II 1. From AD 69–96. Vespasian to Domitian. Second fully revised edition (London 2007) 177 Nr. 1550 Taf. 82,1550 (Bestimmung). – St. F. Pfahl, Goldmünzen des 1.–5. Jahrhunderts zwischen Rhein und Vorderem Limes. Provinzialrömische Studien 4 (Weinstadt 2013) 89 W2 Taf. 2, W2.

# Der Gesichtshelm eines Reitersoldaten

**von Lydia Walter**

1978 wurden in einer Grube innerhalb des Reiterkastells Aalen Bruchstücke eines eisernen Gesichtshelms gefunden. Diese Fragmente wurden in den Werkstätten des Römisch-Germanischen Zentralmuseums restauriert und zu einem Helm ergänzt. Es handelt sich um einen zweiteiligen Gesichtshelm mit der Darstellung eines männlichen, bartlosen, jugendlichen Gesichtes. Die Augen sind halb geschlossen und an den Seiten sind Ansätze eines Backenbartes zu sehen. Die Haartracht besteht aus leider hier nur fragmentarisch erhaltenen Locken, die in einem kreisförmigen Kranz zwischen einem ersten und zweiten Lockenring angereiht sind. Ebenfalls ist ein breiter Nackenschutz erhalten.

Bei dem Gesichtshelm aus Aalen handelt es sich um einen gängigen Paradehelm vom so genannten Alexandertypus, der in zwei Teilen mit einem Scharnier auf dem Scheitel den gesamten Kopf umschloss. Durch die Gestaltung des Gesichts und der Frisur sollte das Porträt von Alexander dem Großen imitiert werden. Solche Helme waren bei den Reitereinheiten am Limes weit verbreitet, wie Funde aus Welzheim, Urspring, Straubing und Weißenburg zeigen. Aufgrund der Beschaffenheit und Dicke des Eisens werden sie als Teil einer Paraderüstung gesehen, die zu besonderen Anlässen getragen wurden, wie zum Beispiel an religiösen Festtagen und zu Ehren des Kaisers bei Turnieren, Paraden und Manövern.

Neben den Helmen des jugendlich-männlichen Alexandertypus gibt es auch Helme, die anhand ihrer Frisur und ihren Haarschmucks eindeutig als weiblich zu interpretieren sind. Die Funktion dieser „weiblich-orientalischen" Helme ist umstritten. Aus Beschreibungen in schriftlichen Quellen geht hervor, dass bei Reiterspielen jeweils zwei Gruppen gegeneinander antraten. Daher ging man davon aus, dass die jugendlich-männlichen Helme als Gegenpartei zu den weiblichen anzusehen seien, wobei der mythische Kampf der Griechen gegen die Amazonen als Vorlage angesehen wurde.

Gesichtshelme treten bereits ab der augusteischen Zeit auf. Verbreitet waren sie im frühen 1. Jh. n. Chr. vor allem in Niedergermanien, aber auch in Gallien, Thrakien und Syrien. Ab den 2. und 3. Jh. n. Chr. finden sie sich am häufigsten in den Donauprovinzen. In der zweiten Hälfte des 3. Jh. brechen die Funde mit der Aufgabe des Limes ab und kommen ab dem 4. Jh. n. Chr. im gesamten römischen Reich nicht mehr vor.

Datierung: 2./3. Jh. n. Chr.
Fundort: Aalen, Ostalbkreis
Aufbewahrungsort: Archäologisches Landesmuseum Baden-Württemberg, Limesmuseum Aalen

**Literatur:** M. Kemkes/J. Scheuerbrandt, Die römische Reiterei am Limes. Schriften des Limesmuseums Aalen 51 (Stuttgart 1997). – M. Junkelmann, Reiter wie Statuen aus Erz (Mainz 1996).

# Der Krug des Decoratus

von Martin Dietrich

Höhe: 28,5 cm
Datierung: 2./3. Jh. n. Chr.
Fundort: Aalen, Ostalbkreis
Aufbewahrungsort: Archäologisches Landesmuseum Baden-Württemberg, Limesmuseum Aalen

Römische Inschriften sind für Historiker wie Archäologen gleichermaßen eine wichtige Quelle um das Leben der damaligen Zeit zu enträtseln. Dabei sind jedoch nicht nur längere, von antiken Historikern verfasste Texte oder in Stein gemeißelte Grab- oder Weiheinschriften von Bedeutung. Auch kurze, in verschiedene Gegenstände eingeritzte Namensgraffiti geben uns Aufschluss über die Vergangenheit und die Menschen jener Zeit.

Ein einhenkliger Krug mit einer solchen Inschrift wurde im Kastellvicus von Aalen entdeckt. Das Graffito *DECORATVS TVRMA PRISC(I)* befindet sich auf der Schulter des Gefäßes und weist den Krug als Besitz des Decoratus aus, der in der *turma* des Priscus diente. Eine solche *turma* war die Unterabteilung einer römischen *ala* und zählte normalerweise 32 Mann. Bei der in Aalen stationierten 1000 Mann starken Einheit umfasste sie dagegen 42 Reiter, die unter dem Befehl eines *decurio* standen. Die Inschrift auf dem Tonkrug verrät uns bei genauem Hinsehen also mehr über die beiden Männer als lediglich deren Namen. Da Priscus hier als der Kommandant der *turma* genannt wird, können wir ihm den Rang eines *decurio* zuordnen, dem der Besitzer des Gefäßes, der Reiter Decoratus, untergeordnet war.

Es handelt sich bei den beiden Soldaten nicht um die einzigen namentlich bekannten Mitglieder der in Aalen stationierten *ala II Flavia milliaria pia fidelis*. Insgesamt sind durch verschiedene Arten von Inschriften ca. 60 Namen von Soldaten unterschiedlichen Ranges, vom Präfekten bis zum einfachen Reiter, bekannt.

**Literatur:** M. Junkelmann, Römische Kavallerie – Equites Alae. Die Kampfausrüstung der römischen Reiterei im 1. und 2. Jahrhundert n. Chr. Schriften des Limesmuseums Aalen 42 (Stuttgart 1989) 10. – M. Kemkes/M. Scholz, Das Römerkastell Aalen. UNESCO-Welterbe. Schriften des Limesmuseums Aalen 58 (Stuttgart 2012) 67–74.

# Parierstange eines Ringknaufschwertes

von Andreas Thiel

Länge: 4,2 cm
Datierung:
Ende 2. – Anfang 3. Jh. n. Chr.
Fundort: Aalen, Ostalbkreis
Aufbewahrungsort: Landesamt für Denkmalpflege im Regierungspräsidium Stuttgart

Im Jahr 1981, rechtzeitig zur Eröffnung des neu gestalteten Limesmuseums, kam bei den Ausgrabungen innerhalb des Alenkastells ein zunächst unscheinbarer, vollständig korrodierter Eisengegenstand zutage. Er wurde zunächst als „Hammerkopf" angesprochen und fand seinen Weg ins Funddepot. Erst während des Restaurierens und Freilegens seiner ursprünglichen Oberflächen offenbarte sich der wahre Charakter des Objekts. Bei dem Fund handelt es sich um die Parierstange eines so genannten Ringknaufschwertes. Diese ursprünglich aus dem asiatischen Raum stammende Waffenform fand vermutlich im 2. Jh. n. Chr. während der Auseinandersetzungen Roms mit den Dakern und Sarmaten an der unteren Donau ihren Weg in die Rüstkammern der römischen Armee. Das von Reitern wie Fußsoldaten geführte Schwert erfreute sich aber auch jenseits des Limes großer Beliebtheit, wie zahlreiche Funde im mitteleuropäischen „Barbarikum" belegen. Insgesamt handelte es sich jedoch um eine eher kurzfristige Modeerscheinung, die sich auf das ausgehende 2. Jh. und das beginnende 3. Jh. n. Chr. konzentrierte.

Wie ein 2 cm langer, rechteckiger Durchlass zeigt, wurde die kurze Parierstange unterhalb des Griffs auf die Angel der Schwertklinge gesteckt und sollte ein Abrutschen der Hand auf die Klinge verhindern. Der schlanke, nur 4,2 cm lange und bis zu 1,9 cm breite Quader ist an seiner Ober- und Unterseite flach gearbeitet, während die beiden verzierten Schauseiten zu den Enden und zur Mitte hin leicht ausschwingen. Sie sind flächig mit floralen Mustern verziert, die aus tauschierten Buntmetalldrähten bestehen. Vergleichsfunde belegen, dass auch Knauf und Ortband eines solchen Schwertes in dieser aufwendigen Technik dekoriert waren.

**Literatur:** Ch. Miks, Ein römisches Schwert mit Ringknaufgriff aus dem Rhein bei Mainz. Mainzer Archäologische Zeitschrift 8, 2009, 129–165. – D. Planck, Ausgrabungen im Stabsgebäude des Kastells Aalen. Archäologische Ausgrabungen in Baden-Württemberg 1981 (Stuttgart 1982) 175–179.

# Die Gründungsurkunde des römischen Aalens

von Martin Kemkes

Höhe: ca. 80 cm;
ursprüngliche Breite ca. 160 cm
Datierung: 163/164 n. Chr.
Fundort: Aalen, Ostalbkreis
Aufbewahrungsort: Archäologisches Landesmuseum Baden-Württemberg, Limesmuseum Aalen

Bei den Ausgrabungen des Aalener Stabsgebäudes kamen in den Jahren 1981 bis 1984 insgesamt 227 Fragmente von 16 Inschriften zutage. Sie beziehen sich primär auf Bau- und Renovierungsarbeiten am Gebäude sowie auf die Errichtung einer Kaiserstatue. Alle Maßnahmen wurden durch die Gesamtheit der hier stationierten Einheit, der 1000 Mann starken *ala II Flavia pia fidelis milliaria,* unter der Aufsicht des jeweiligen Provinzstatthalters durchgeführt.

Vielleicht die wichtigste dieser Inschriften ist die in fünf Fragmenten erhaltene Bauinschrift der Kaiser Marc Aurel und Lucius Verus aus dem Jahr 163/164 n. Chr., ist sie doch das älteste Schriftzeugnis des römischen Aalen und belegt die Fertigstellung des Stabsgebäudes und damit wohl auch des Kastells vor genau 1850 Jahren.

Die Bruchstücke wurden in der Querhalle vor dem Eingang zum Fahnenheiligtum gefunden, wo die Inschrift wohl ursprünglich an der Außenwand angebracht war. Die exakte Datierung beruht auf der in den erhaltenen Fragmenten genannten Ämterfolge: der zweite Imperatortitel für Marc Aurel, die vierte Übernahme der *tribunicia potestas* durch Lucius Verus und das Führen des Siegertitels *Armeniacus.* Damit kann die Inschrift in die Zeit zwischen dem Jahresende 163 und dem Frühjahr 164 n. Chr. datiert werden. Dem Text ist auch zu entnehmen, dass im Bereich der *principia* Bauarbeiten abgeschlossen wurden. Die Arbeiten standen unter der Aufsicht des Provinzstatthalters von Raetien, des Procurators Sextus Baius Pudens, und wurden durch die *ala II Flavia* unter ihrem Kommandeur durchgeführt, wobei sich dessen Name nicht eindeutig erhalten hat. Das überlieferte Datum von 163/164 n. Chr. für den Abschluss der Bauarbeiten passt sehr gut zu den Dendrodaten der verbauten Eichenhölzer in der Vorhalle des Stabsgebäudes mit Fälldatum um 160 n. Chr. sowie zu den überlieferten Fälldaten von Hölzern der Limespalisade in Rainau-Schwabsberg aus den Jahren 164/165 n. Chr. Damit kann als gesichert gelten, dass in den ersten Jahren der Regierung des Marc Aurel (161–180 n. Chr.) nicht nur die Bauarbeiten am Kastell Aalen, sondern auch am gesamten westraetischen Limes abgeschlossen wurden.

**Literatur:** G. Alföldy, Die Inschriften aus den Principia des Alenkastells Aalen. Fundberichte aus Baden-Württemberg 14, 1989, 293–338. – M. Kemkes/M. Scholz, Das Römerkastell Aalen. UNESCO-Welterbe. Die Limesreihe Schriften des Limesmuseums Aalen Band 58 (Stuttgart 2012) 46.

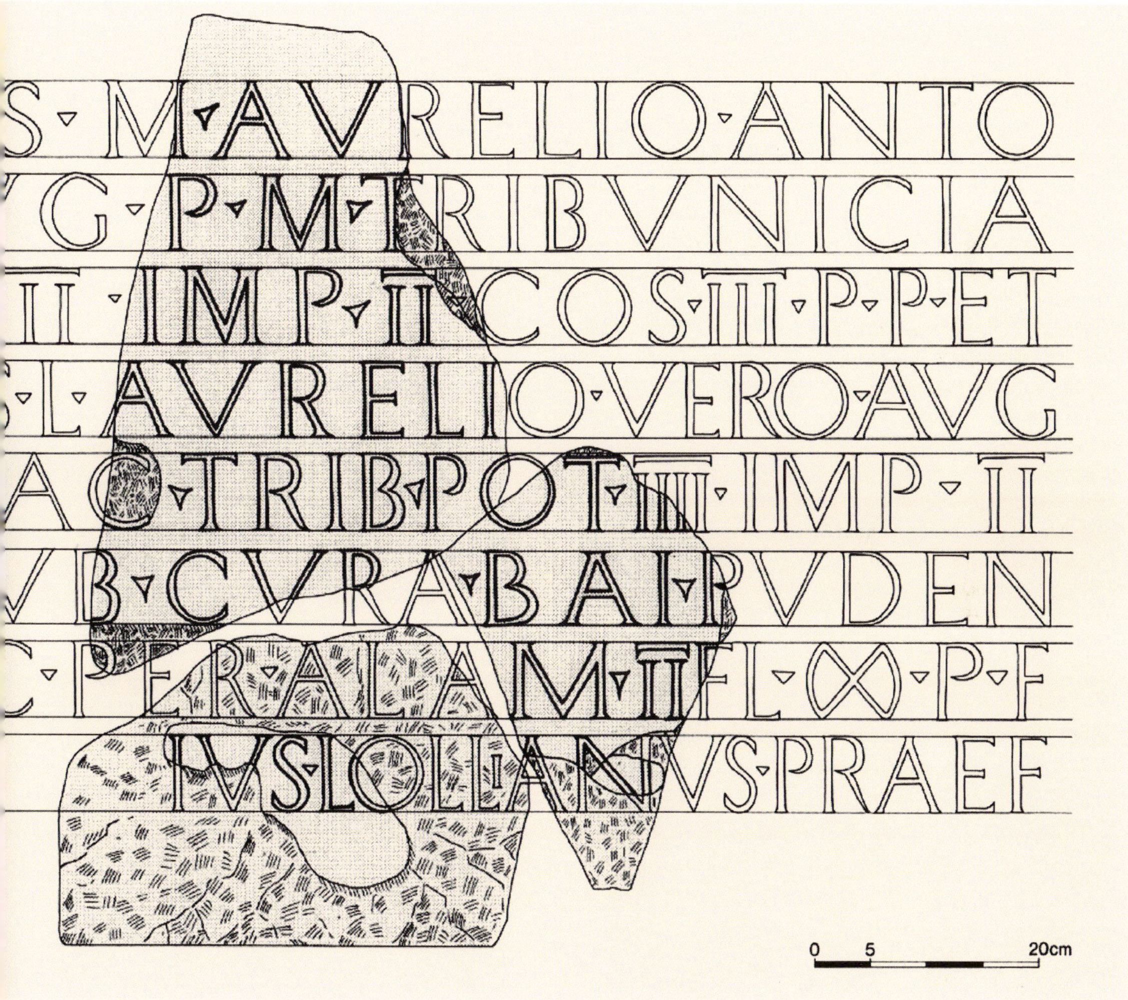
S·M·AVRELIO·ANTO
VG·P·M·TRIBVNICIA
II·IMP·II·COS·III·P·P·ET
L·AVRELIO·VERO·AVG
AC·TRIB·POT·IIII·IMP·II
VB·CVRA·B·A·PRVDEN
C·PER·ALAM·II·FL·∞·P·F
IVS·LOLLIANVS·PRAEF
0 5 20cm

# Gebrandmarkt – eine hölzerne Groteskfigur

von Nina Willburger

Höhe: 23,6 cm
Datierung: 3. Jh. n. Chr.
Fundort: Rainau-Buch, Ostalbkreis
Aufbewahrungsort: Landesmuseum Württemberg Stuttgart

Die Figur aus Buchsbaumholz kam in einem Brunnen des Vicus von Rainau-Buch zutage und stammt aus dem 3. Jh. n. Chr. Sie zeigt einen Mann mit stämmigen Beinen und übergroßem Phallus, der ein Stoffpaket trägt. Auf der Oberseite des Phallus befindet sich ein tiefes Loch, um welches herum eine leicht abgeflachte, runde Stelle erkennbar ist.

Auffallend sind die Brandspuren an der Figur. Auf dem Paket sind nur in der Senkrechten über dem Phallus Schmauchspuren zu beobachten. Gleiches gilt für das Gesicht: Der Kopf ist leicht auf die linke Seite gedreht. Die rechte Gesichtshälfte befindet sich somit in der Senkrechten über dem Phallus; eben hier sind starke Zerstörungen und verkohlte Partien auszumachen.

Die Position der Brandspuren erlaubt nur einen Schluss: Der Phallus trug eine Kerze, die in einer nicht mehr erhaltenen Tülle Halt fand. Diese war mittels eines Dorn im Phallus verankert, der Stabilität wegen wurde die Stelle um das Halteloch leicht abgeflacht.

Letztlich war der Abstand zwischen der Kerze und den hervorstehenden Partien jedoch zu gering: Die Flamme rief Schmauchspuren auf dem Paket hervor, die rechte Gesichtshälfte, die in einem noch geringeren Abstand zur Flamme stand, wurde allmählich zerstört.

Die Figur zählt zu den so genannten Grotesken und Karikaturen, kleine Statuetten, die körperliche Gebrechen und Abnormitäten zeigten und die auch als Lampen gestaltet sein konnten. Besonders Phalluslampen waren sehr beliebt, auch in den nordwestlichen Provinzen.

Rätselhaft bleiben Abarbeitungsspuren und Stiftungen auf dem Paket. Sie scheinen sekundär. Vielleicht wurde die Funktion als Kerzenhalter der schleichenden Zerstörung wegen aufgegeben, die Figur aber mit einer neu angebrachten Konstruktion weiterhin als Lampe benutzt: Phallische Figuren mit Lampen auf dem Kopf waren durchaus bekannt.

**Literatur:** N. Willburger, Some like it hot. Eine hölzerne Groteske aus Rainau-Buch. In: V. van Vilsteren/R.-M. Weiss (Hrsg.), 100.000 Jahre Sex. Über Liebe, Fruchtbarkeit und Wollust, Veröffentlichungen des Helms-Museums. Hamburger Museum für Archäologie und die Geschichte Harburgs 91 (Zwolle 2004) 50–51.

# Reflexbogen eines Reitersoldaten

von Bernhard A. Greiner

Länge Griffplatte: 19,2 cm
Datierung: 3. Jh. n. Chr.
Fundort: Rainau-Buch, Ostalbkreis
Aufbewahrungsort: Archäologisches Landesmuseum Baden-Württemberg, Limesmuseum Aalen

Aufrecht stehend auf der Sohle von Brunnen 1 im Vicus von Rainau-Buch wurde ein Reflexbogen geborgen. Charakteristisch sind die beinernen Bogenendversteifungen mit den Ösen zum Einhängen der Sehne. Der Fund ist einzigartig, weil sich der Besitzer des Bogens auf den Griffplatten mit einer Inschrift verewigte: SILVANVS ALIQVANDI – *Silvanus, Sohn des Aliquandus.*

Es handelt sich um einen Kompositbogen, der aus mehreren Schichten unterschiedlicher Materialien aufgebaut ist, die dann verklebt wurden: Holz, Fischbein, Knochen, Sehnen.

Der Reflexbogen ist ein Hinweis darauf, dass in Rainau-Buch eine Reitertruppe stationiert war. Allgemein wird angenommen, dass es sich um die *cohors III Thracum* handelte, eine ursprünglich in den Ostprovinzen formierte Truppe. Der Name des Besitzers *Silvanus* und der seines Vaters *Aliquandus* sind zwei in den Westprovinzen sehr gebräuchliche Namen. Sie belegen, dass auch in den Westprovinzen gebürtige Soldaten im Gebrauch dieser Waffe ausgebildet worden sind.

**Literatur:** Bernhard A. Greiner, Rainau-Buch II. Der römische Kastellvicus von Rainau-Buch (Ostalbkreis). Die archäologischen Ausgrabungen von 1976 bis 1979 Bd. 1. Forschungen und Berichte zur Vor- und Frühgeschichte in Baden-Württemberg 106 (Stuttgart 2008) 107–110.

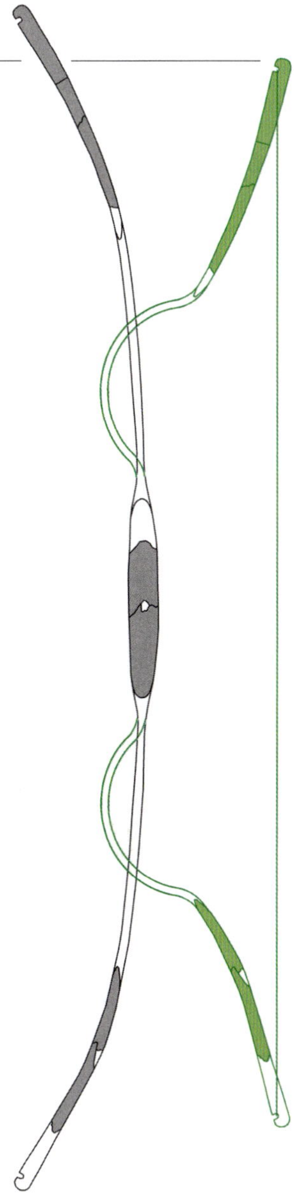

# Der Depotfund aus Brunnen 7

von Lydia Walter

Datierung: 3. Jh. n. Chr.
Fundort: Rainau-Buch, Ostalbkreis
Aufbewahrungsort: Archäologisches Landesmuseum Baden-Württemberg, Limesmuseum Aalen

Das Depot aus dem Brunnen 7 des Kastellvicus von Rainau-Buch setzt sich aus folgenden Objekten zusammen: Speise- und Kochgeschirr, Küchengerätschaften, einem Balsamarium (*aryballos*), Statuetten, Werkzeugen und landwirtschaftlichen Geräten. Alle Objekte weisen zwar Gebrauchsspuren und Reparaturen auf, sind aber weiterhin voll funktionstüchtig. Es handelt sich somit um einen so genannten Versteckhort, wobei die Besitzer einen bedeutenden Teil ihres Hausinventars wohl aufgrund eines germanischen Überfalles in dem Brunnen ihres Hauses versteckten. Die dramatischen Ereignisse datieren wahrscheinlich in das Jahr 254 n. Chr., als nicht nur der komplette *vicus* von Rainau-Buch zerstört, sondern wohl der gesamte raetische Limes aufgegeben wurde.

Die Statuetten stellen zum einen Mars und zum anderen einen Amor dar. Der Mars ist mit einer kurzen Tunika, einem Muskelpanzer mit Feldherrenbinde (*cintorium*) und Beinschienen bekleidet. Er hält Lanze und Schild. Der geflügelte Amor ist bis auf ein Band an der Hüfte unbekleidet. Mit den erhobenen Armen hält er eine rundbodige vergoldete Schale. Ein einzelner Sockel ist ebenfalls erhalten, leider fehlt die dazugehörige Figur. Die Statuetten stammen wahrscheinlich aus einem häuslichen Kultbereich (*lararium* – Hausaltar).

Als Handwaschgarnitur sind die Griffschale mit Hundekopfgriff und die Trifoliarkanne anzusprechen. Hervorzuheben ist hier vor allem die Griffschale, an der eine antike Reparatur nachgewiesen wurde. Sie besteht nun aus zwei verschiedenen Typenformen. Demnach datiert die Schale in die erste Hälfte des 3. Jh. und der Griff in die zweite Hälfte des 2. Jh. n. Chr. Wahrscheinlich hatte man ein Altstück zur Reparatur ver-

wendet, was im Laufe des 3. Jh. wohl häufiger geschah.

Auch Kelle und Sieb stammen ursprünglich nicht aus dem gleichen Set, wobei es sich bei dem Sieb ebenfalls um ein Alt- bzw. Erbstück handelt. Auf seinem Griff befindet sich der Herstellerstempel des Saturninus, SATVRNINVS F(ecit), der Ende des 1. und in der ersten Hälfte des 2. Jh. n. Chr. Gefäße produzierte.

Besonders hervorzuheben ist der sehr gut erhaltene *aryballos*. Er besitzt einen Drehverschluss, der mit einem Nietkopf auf dem inneren Mündungsdeckel befestigt wurde. Durch weitere zwei kugelförmige Nietköpfchen kann man den Drehverschluss auf- und zudrehen. Der in drei Teilen gegossene Körper deutet auf ein gallisches Produkt hin. Diese Art von Gefäßen zählen zum Badegeschirr. Gefüllt wurden sie mit Öl, das zum Reinigen des Körpers benutzt wurde.

Der Depotfund beinhaltet insgesamt eine Reihe hochwertiger Gefäße, wobei jede Größe und jeder Typus nur einmal vertreten ist. Dies macht es wahrscheinlich, dass alle Objekte zum Inventar eines Haushaltes gehörten. Dazu passt auch die Zusammensetzung der Eisengerätschaften, bei denen es sich um haushaltsübliche Werkzeuge wie Pickel, Hacke, Sensen, Spaten, Schere und eine Axt handelt. Die Sensen deuten auf Heumahd hin, während die Schere eventuell bei der Schafhaltung verwendet wurde. Die insgesamt hohe Qualität und das breite Spektrum des Tafelgeschirrs wie auch der Eisengeräte belegen den hohen Standard

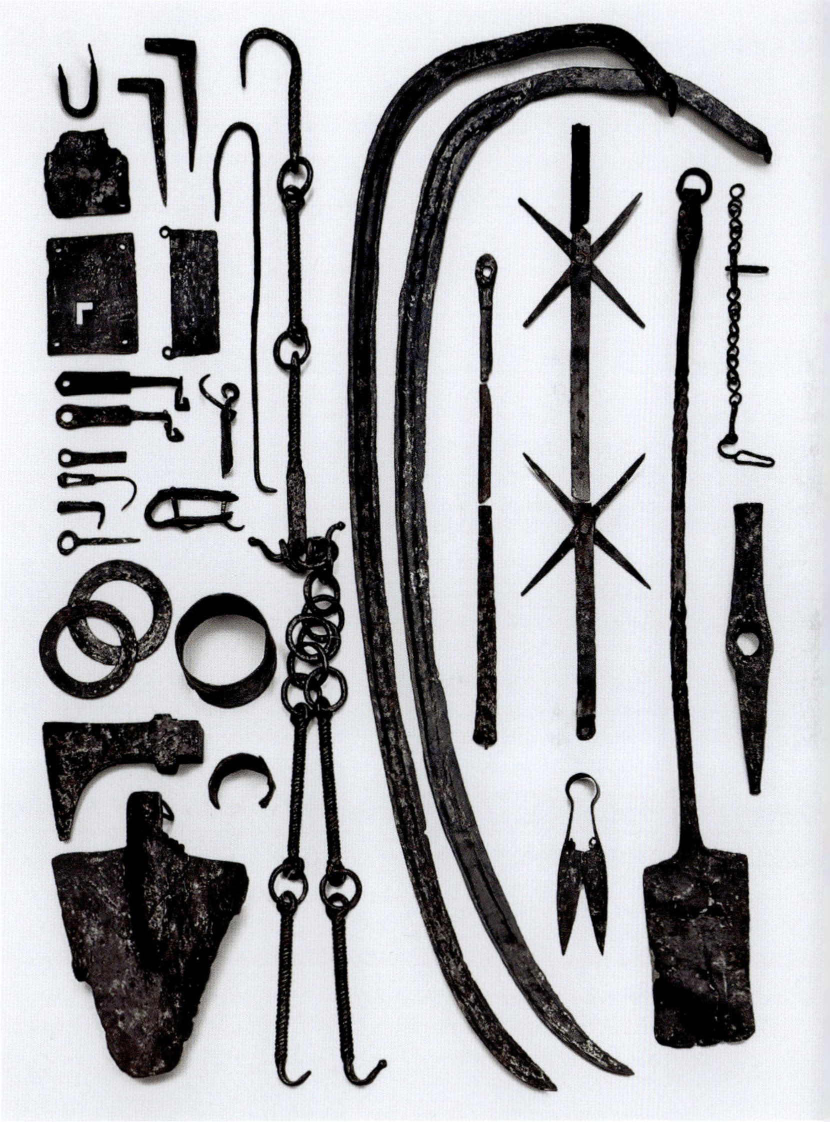

an Gebrauchsgegenständen, mit dem auch Mitte des 3. Jh. n. Chr. am Limes noch zu rechnen ist.

**Literatur:** B. A. Greiner, Rainau-Buch II. Der römische Kastellvicus von Rainau-Buch (Ostalbkreis). Die archäologischen Ausgrabungen von 1976 bis 1979 Bd. 1. Forschungen und Berichte zur Vor- und Frühgeschichte in Baden-Württemberg 106 (Stuttgart 2008) 64–93.

# Der Helm aus dem Brunnen

von Martin Kemkes

Höhe: 26 cm
Datierung: Mitte 3. Jh. n. Chr.
Fundort: Rainau-Buch, Ostalbkreis
Aufbewahrungsort: Archäologisches Landesmuseum Baden-Württemberg, Limesmuseum Aalen

Bei den Ausgrabungen im Kastellvicus von Rainau-Buch von 1976 bis 1979 wurden mehrere holzverschalte Brunnen entdeckt, die nicht nur eine Fülle verschiedener Fundensembles enthielten, sondern deren Hölzer auch dendrochronologisch datiert werden konnten. Dies trifft auch auf den so genannten Brunnen 9 zu, der um 225/230 n. Chr. erbaut wurde. Auf seiner Sohle fanden sich neben dem hier vorgestellten Bronzehelm ein eisernes Kettenhemd, zerschlagene Möbelbruchstücke, eine eiserne Sense, eine Axt mit Holzschaft sowie die oben vorgestellte Groteskfigur. Über diesen Objekten lag Brand- bzw. Bauschutt im Brunnen, der mit der Zerstörung des Vicus im Zuge der Germaneneinfälle des Jahres 254 n. Chr. in Verbindung steht. Inzwischen spricht vieles dafür, dass dieses Datum auch gleichzusetzen ist mit der endgültigen Aufgabe des raetischen Limes durch die römische Armee. Vor diesem wichtigen historischen Hintergrund wirft die Deponierung eines Militärhelmes und eines Kettenhemdes in einem Brunnen Fragen auf, die leider aus den Funden selbst heraus nicht befriedigend gelöst werden können.

Der Bronzehelm gehört zum so genannten Typ Niederbieber, der sich durch die hohe Kalotte, den breiten Nackenschutz und die breiten, fast das ganze Gesicht bedeckenden Wangenklappen auszeichnet. Die ansonsten separat gefertigten Kalottenbügel sind bei dem Bucher Exemplar nur als herausgetriebene Zierleisten angedeutet, weshalb dieser Typ eventuell als Kavalleriehelm anzusehen ist. Einige Details, wie die ungleich bzw. unfertig belassenen Wangenklappen, der fehlende Stirnschutz und der unsauber mit der Blechschere beschnittene Rand des Nackenschutzes könnten andeuten, dass der Helm noch nicht ganz fertig war, bevor er mit dem Kettenhemd zusammen in den Brunnen geworfen wurde. Warum diese an sich brauchbaren Schutzwaffen im Kontext einer militärischen Bedrohung durch angreifende Germanen entsorgt wurden, entzieht sich momentan noch einer logischen Erklärung. Eine völlig andere Deutung sieht in dem Helm keine militärische Schutzwaffe, sondern das Attribut einer Statue des keltischen Kriegsgottes Cobannus. Eine theoretisch mögliche Interpretation, wofür die Befunde in Rainau-Buch allerdings keine weiteren Hinweise liefern.

**Literatur:** B. A. Greiner, Rainau-Buch II. Der römische Kastellvicus von Rainau-Buch (Ostalbkreis). Die archäologischen Ausgrabungen von 1976–1979 Bd. 1. Forschungen und Berichte zur Vor- und Frühgeschichte in Baden-Württemberg Band 106 (Stuttgart 2008) 95–96. – Th. Fischer, Die Armee der Caesaren. Archäologie und Geschichte (Regensburg 2012) 156–157.

# Die Limespalisade

von Lydia Walter

Datierung: 165 n. Chr.
Fundort: Rainau-Schwabsberg, Ostalbkreis
Aufbewahrungsort: Archäologisches Landesmuseum Baden-Württemberg, Limesmuseum Aalen

In den Jahren 1969 und 1974 wurden Reste der Limespalisade südlich des Ortes Rainau-Schwabsberg entdeckt und ausgegraben. Die Holzpalisade kommt am gesamten Obergermanisch-Raetischen Limes vor. Sie bestand aus meist halbierten Eichenpfählen, aber auch vereinzelt aus Tannenrundlingen. Bei den halbierten Eichenpfählen schaute die flache Seite mauerartig in Richtung Barbaricum. Auf der Rückseite befinden sich Einkerbungen, die zur Verbindung der Pfähle mit Querriegeln dienten. Diese Einkerbungen sind deutlich auf den Pfeilern aus Rainau-Schwabsberg zu erkennen. Die Pfähle waren am unteren Ende nicht angespitzt, sondern wurden ohne weitere Bearbeitung tief in einen Fundamentgraben gesetzt. Durch nähere Untersuchungen und Berechnungen wurde die Höhe der Palisade auf 2,5 bis 3 m veranschlagt.

Die Holzfunde sind aber nicht nur wichtig um das Aussehen der Limespalisade zu rekonstruieren, sie liefern auch die Möglichkeit, den Ausbau des Limes anhand der Dendrochronologie genauer zu datieren. Hilfreich ist hier, dass sich der jährliche Zuwachs beim Wachstum von Bäumen durch unterschiedliche Ausbildung der Zonen in den verschiedenen Jahreszeiten chronologisch unterscheiden lässt. So haben alle Bäume einer Art in einem bestimmten Gebiet ungefähr die gleiche Abfolge von schmalen und breiten Jahresringen. Damit wird das Verteilungsmuster der Ringe eines Holzfundes mit einer bekannten Verteilungskurve, die zeitlich eingehängt ist, verglichen.

Für die Holzreste von Schwabsberg wurde so ein Fälldatum um 165 n. Chr. ermittelt. Dieses Jahr kommt in der näheren Umgebung des Fundortes öfter vor, wie zum Beispiel bei Palisadenfunden im Rotenbachtal bei Schwäbisch Gmünd. Hier gibt es eine Datenstreuung zwischen 159 und 165 n. Chr., die sich aber nicht nur auf die Limespalisade bezieht, sondern auch auf den Bau der Kastelle, wie zum Beispiel der Fundamenthölzer der Vorhalle im Reiterkastell Aalen.

Der Obergermanische-Raetische Limes ist nicht in einem Zug entstanden, sondern entwickelte sich in mehreren Stufen. In der Provinz Obergermanien wurde in der Wetterau und im Odenwald nach Dendrodaten bereits unter Kaiser Hadrian um 120 n. Chr. eine Palisade errichtet. Die Palisade am raetischen Limes steht dagegen in unmittelbarem Zusammenhang mit der Vorverlegung des obergermanischen Limes auf die Linie Miltenberg/Lorch, die ebenfalls um 160 n. Chr. erfolgte.

**Literatur:** D. Baatz, Bemerkungen zur Limespalisade. In: A. Thiel (Hrsg.), Neue Forschungen am Limes. Beiträge zum Weltkulturerbe Limes 3 (Stuttgart 2008) 93–100. – A. Billamboz, Der Stand der Dendrochronologie für die Römerzeit in Baden-Württemberg. In: J. Biel/J. Heiligmann/D. Krausse (Hrsg.), Landesarchäologie. Festschrift für Dieter Planck zum 65. Geburtstag. Forschungen und Berichte zur Vor- und Frühgeschichte in Baden-Württemberg 100 (Stuttgart 2009) 655–676.

## Fragmente einer Bronzestatue des Kaiser Caracalla
von Martin Kemkes

Länge Panzerfragment: 34 cm; Länge Adlerkopfschwert: 27,5 cm.
Datierung: 213 n. Chr.
Fundort: Rainau-Dalkingen, Ostalbkreis
Aufbewahrungsort: Archäologisches Landesmuseum Baden-Württemberg, Limesmuseum Aalen

Nach einer Inschrift der Arvalpriester in Rom begann Kaiser Caracalla persönlich am 11. August des Jahres 213 n. Chr. vom raetischen Limes aus einen Feldzug gegen die Germanen und konnte bereits wenige Wochen später in Rom *„ob victoriam Germanicam“* einen Triumph feiern. Dieses historische Ereignis gehört zu den wenigen überlieferten Fällen, bei denen ein römischer Kaiser persönlich am Limes anwesend war.

Das so genannte Limestor bei Rainau-Dalkingen wird mit diesem Feldzug des Caracalla in Verbindung gebracht. Bei den Ausgrabungen im Jahr 1974 wurde rund 300 m östlich der Jagst ein Limesübergang untersucht, der sich zwischen 160 und 210 n. Chr. von einer einfachen Schlupfpforte neben einem Wachtturm zu einem in Stein ausgebauten Kontrollposten entwickelte. Wohl im Anschluss an den Feldzug im Jahr 213 n. Chr. wurde als letzte Bauphase an die Südseite des Gebäudes eine triumphbogenartige Fassade als Ehrenmonument für den siegreichen Kaiser angebaut. Daneben stand eine leicht überlebensgroße bronzene Panzerstatue des Imperators, von der sich über 140 Bruchstücke bei den Ausgrabungen fanden. Zu den größten Fragmenten gehören Teile des unteren Panzerabschlusses, bei dem die unter dem metallenen Brustpanzer herausschauenden, ursprünglich aus Leder bestehenden halbrunden *pteryges*-Fragmente mit Appliken zu sehen sind. Die Verzierungen zeigen florale Motive und die mythologischen Masken eines Iuppiter-Ammon-Kopfes (oben) sowie einer Medusa (unten). Gut erhalten hat sich auch der Griff eines Adlerkopfschwertes, wobei der Adler die enge Verbindung zwischen dem Kaiser und dem höchsten Gott Iuppiter symbolisiert.

Die Statue wurde wahrscheinlich bei der Zerstörung der gesamten Toranlage im Zuge des Germaneneinfalls des Jahres 254 n. Chr. von ihrem Sockel gerissen und als Symbol der römischen Herrschaft zerschlagen. Da es den Germanen bei diesem Bildersturm nicht in erster Linie um das wertvolle Metall ging, blieben größere Fragmente vor Ort liegen und konnten so die Zeiten überdauern.

**Literatur:** M. Kemkes/C. Sarge, Gesichter der Macht. Kaiserbilder in Rom und am Limes. Schriften des Limesmuseums Aalen 60 (Stuttgart 2009) 135–148. – S. Heckmann, Statuenfragmente aus Bronze. In: D. Planck, Das Limestor Dalkingen. Forschungen und Berichte zur Vor- und Frühgeschichte in Baden-Württemberg (in Vorbereitung).

# Der Zufallsfund einer Gerätfigur

von Jutta Ronke

H noch 15,5 cm; Gewicht 307,73 g
Datierung: 2./3. Jh. n. Chr.
Fundort: Halheim, Ostalbkreis
Aufbewahrungsort: Landesamt für Denkmalpflege im Regierungspräsidium Stuttgart

Die Nachbildung einer erhobenen rechten Hand mit tüllenförmigem Behältnis trat im Jahr 2000 nahe des seit 1819 bekannten Numeruskastells Halheim (Ellwangen-Pfahlheim, Ostalbkreis) zutage. Im Wesentlichen hohl gegossen, weist sie massive Finger auf, Ring- und kleiner Finger wurden in der Grundgliedreihe abgesägt. Etwa in Mittelhandhöhe ist sie horizontal abgeschnitten und dabei aufge- und verbogen worden, Vorbereitungen zum möglichen Einschmelzen bzw. zur Weiterverwendung. Auf der Daumen- bzw. Speichenseite hat sich ein Stück des Unterarms erhalten.

Der Mittelfinger ist gerade emporgestreckt. Daumen und Zeigefinger sind zangenförmig gebogen und tragen bzw. stützen mit ihrer Fingerbeere die auf dem Nagelglied des Daumens ruhende längliche Tülle. Auffällig ist der Kontrast zwischen den Fingern, die schon im Gegensatz zur polsterähnlich-breiten Handfläche zu grazil geformt sind, und zum Daumen, der als Auflagefläche für den Behälter ausgesprochen breit angelegt ist; die Einzelbestandteile wirken additiv zusammengefügt.

Die Tülle impliziert die Funktion eines Kerzenhalters. Außer ikonographischen und praktischen Gründen lassen sich technologische Argumente (homogener Guss mit wenig Blasen und viel Gussspeise) dafür anführen, dass es sich um den Teil eines größeren Objekts gehandelt haben dürfte. Vorstellbar ist eine unterlebensgroße Leuchterfigur, ein dekorativer stummer Diener.

Das Auftreten eines solchen *lychnouchos* modifiziert unser Bild der Anlagen am Limes dahingehend, dass sogar in Numeruskastellen bzw. ihrer Umgebung zumindest fallweise mit mobilem Ausstattungsluxus zu rechnen ist.

*„Allein die Natur hat selber doch nicht das Bedürfnis, dass in dem weiten Palast rings goldene Statuen stehen, Jünglinge, die mit der Hand lichtspendende Fackeln erheben, um für das nächtliche Mahl hinreichendes Licht zu gewähren."* (Lucrez, Über die Natur der Dinge 2,24 ff.)

**Literatur:** J. Ronke, Ellwangen (Jagst) Pfahlheim, Fundberichte aus Baden-Württemberg 28/2, 2005, 204–205.

# Der Limes – ein Bodendenkmal als Vermittlungsobjekt

von Martin Kemkes

Auch fast zehn Jahre nach der Anerkennung als Welterbe gilt, dass der Limes nur dann auf Dauer geschützt werden kann, wenn er in der Öffentlichkeit als einmaliges Bodendenkmal von herausragender historischer Bedeutung akzeptiert wird. Dieses Ziel erfordert eine kontinuierliche und breit angelegte Vermittlungsarbeit.

Große Teile des Denkmals liegen jedoch im Erdboden verborgen, was vielen Besuchern den Zugang zu diesem sensiblen Welterbe erschwert. Entlang des römischen Limes wurden deshalb in der Vergangenheit auch außerhalb der Museen zahlreiche Vermittlungsorte geschaffen, um das unsichtbare Bodendenkmal mittels konservierter Mauern oder rekonstruierter Wachttüme dem interessierten Besucher vor Augen zu führen. Zusammen mit Veranstaltungen aus den Bereichen Museumspädagogik und Reeanactment (S. 105 ff.) kann so ein „lebendiges Bild" der Vergangenheit entstehen.

Gleichzeitig wird in der politischen und öffentlichen Diskussion nicht selten der touristische und damit vor allem der wirtschaftliche Wert des Limes betont. Die Welterbekonvention der Vereinten Nationen ist jedoch in erster Linie zum Schutz der Denkmale geschaffen worden und stellt keinen Tourismusführer zu den schönsten Plätzen der Menschheit dar. Der Umgang mit dem Welterbe Limes steht deshalb in einem Spannungsfeld zwischen dem Schutz des Denkmals und seiner öffentlichen Erschließung für die Besucher. Diese lassen sich in insgesamt drei Gruppen mit durchaus unterschiedlichen Bedürfnissen und Erwartungen aufteilen.

## Schüler

Die Schüler stellen in den Museen, aber auch am Limes selbst, die größte Gruppe, die bis zur Hälfte aller Besucher ausmachen kann. Wichtig ist dabei, dass die Schüler nicht in ihrer Freizeit, sondern im Rahmen des Unterrichtes den Limes als außerschulischen Lernort besuchen (S. 107 f.). Auch wenn ihre Betreuung sehr auf-

1 Schulklasse bei einer Vermessungsübung an dem original erhaltenen Limesabschnitt bei Osterburken zwischen WP 8/25 und 26, veranstaltet vom Römermuseum Osterburken.

wendig und nicht kostendeckend erfolgen kann, stellt sie dennoch einen wesentlichen Schwerpunkt der Vermittlungsarbeit am Limes dar (Abb. 1). Die Museen, wie auch die Führer am Limes selbst, erfüllen dabei einen wichtigen Teil des staatlichen Bildungsauftrages, wobei im positiven Sinne die zufriedenen Schüler und Lehrer zu wichtigen Multiplikatoren werden, die den Schutz des Limes wie auch generell die Bedeutung der Denkmalpflege und den Schutz unserer Kulturgüter in die Öffentlichkeit tragen.

### Anwohner und Naherholungssuchende

Von besonderer Bedeutung für die Zukunft des Welterbes sind die Anwohner, die den Limes tagtäglich vor ihrer Haustür in ihrem direkten Lebensumfeld erleben. Dabei muss der Limes, sein Schutz und seine öffentliche Darstellung, nicht nur in ihren beruflichen Alltag, z. B. als Land- und Forstwirte oder als Verkehrsteilnehmer, integriert werden. Eine besondere Rolle spielt auch die Bewahrung bzw. Erschließung des Limes als Naherholungsgebiet. Dabei geht es nicht in erster Linie um eine touristische Überformung der Landschaft durch umfangreiche Beschilderungen und Rekonstruktionen, sondern eher um die sensible Entwicklung eines Natur- und Kulturraumes, der Identifikationsmöglichkeiten eröffnet und die eigene Wohnqualität erhöht. Zu solchen Maßnahmen gehört auch der Ausbau eines attraktiven, denkmalschonenden Wegesystems für Spaziergänger und Jogger, Reiter und Fahrradfahrer oder die Anlage von geeigneten (Limes-) Spielplätzen und Rastmöglichkeiten.

### Touristen

Mit den Touristen sind Besucher gemeint, die die Limesregion im Rahmen ihrer Freizeit bzw. im Urlaub für einen oder mehrere Tage aufsuchen und im Sinne einer wirtschaftlichen Wertschöpfung bereit sind Geld auszugeben. Aufgrund der spezifischen Situation am Limes, der über weite Strecken durch eine naturnahe, durch regionale Besonderheiten geprägte Kulturlandschaft verläuft, sollte hier die Entwicklung eines nachhaltigen Kulturtourismus gefördert werden. Nachhaltigkeit bedeutet insbesondere die Bewahrung oder Schaffung einer Balance zwischen dem Schutz des UNESCO-Welterbes, der ökologischen Bewahrung der Naturlandschaft, der ökonomischen Entwicklung und auch der Berücksichtigung der sozialen Belange vor Ort.

### Vermittlungsorte am Limes

Ab der Mitte des 19. Jh. etablierten sich in Deutschland zunächst die Museen als öffentlich zugängliche Vermittlungsorte der eigenen meist nationalen Geschichte. Ihre Aufgabe als Sachverwalter und Präsentationsorte des beweglichen historischen Erbes hat bis heute ihre Gültigkeit, wobei seit den 1960er-Jahren eine Regionalisierung der Museumslandschaft zu beobachten ist, die sich seit der Welterbeauszeichnung 2005 auch entlang des Limes weiter fortgesetzt hat.

Parallel zur Entwicklung der Museen wurden seit dem 19. Jh. auch die historischen Fundplätze selbst als authentische und selbständige Lern- und Vermittlungsorte erkannt und ausgebaut. So rekonstruierten bereits 1874 Bürger der Gemeinde Bad Ems zu Ehren Kaiser Wilhelms I. den ersten Limeswachtturm in Originalgröße und auf den ursprünglichen Fundamenten (Abb. 12 a). Als spektakulärstes Beispiel gilt weit über den Limes hinaus zweifellos die Saalburg, die ab 1870 unter der besonderen Förderung durch Kaiser Wilhelm II. nicht nur ausgegraben und rekonstruiert, sondern konsequent als Forschungs- und Vermittlungszentrum weiterentwickelt wurde (Abb. 2). Die damalige Dynamik bis hin zu einer professionellen Vermarktung und touristischen Erschließung des Ortes ist ohne Beispiel geblieben und kann bis heute, freilich unter veränderten Vorzeichen, als vorbildlich gelten. Ähnliche Ansätze, wenn auch in deutlich kleinerem Maßstab, gab es entlang des Limes in Osterburken und Köngen, wo um 1900 bzw. 1911 Teile der Kastellmauer sowie der Eckturm des Kastells wieder aufgebaut wurden. Damit waren bereits Anfang des 20. Jh. die poten-

2 Heutige Ansicht des rekonstruierten Kastells Saalburg (links) und Postkarte von 1909 (rechts).

tiellen Lern- und Vermittlungsorte definiert, die auch heute noch entlang des Limes von Bedeutung sind. Ein zentraler Fortschritt in der Vermittlung des Welterbes ist zweifellos die einheitliche Beschilderung des Denkmals mit Informationstafeln, die seit 2005 entlang der gesamten 550 km langen Strecke vom Rhein bis zur Donau systematisch fortgeführt wird.

## Museen und Informationszentren

Allein die Museen entlang des Limes sind in der Lage ein breites und vertiefendes Informationsangebot zu bieten und dies mit museumspädagogischen Aktionen zu verknüpfen (S. 105 ff.). Besonders vorteilhaft ist es dabei, wenn, wie im Falle der Saalburg und der Museen in Osterburken, Aalen, Ruffenhofen und Weißenburg, Museum und Denkmal direkt beieinander liegen und damit die Authentizität des historischen Ortes für die Besucher spürbar wird (Abb. 3). Kann der Besucher des Limes im Gelände die erhaltenen oder rekonstruierten Bodendenkmäler besuchen, so hat er nur im Museum die Möglichkeit, den von diesen Plätzen stammenden archäologischen Originalfunden zu begegnen. Diese gehören untrennbar zum Schutzobjekt Limes dazu, machen sie doch rein dinglich erfahrbar, was bei einer Zerstörung des Denkmals an historischem Erbe verloren geht. Die Erfahrungen der letzten Jahre zeigen darüber hinaus, dass die Museen verstärkt auch als allgemeine touristische Informationsstellen genutzt werden. Diesen Bedürfnissen der Besucher wurde durch die Einrichtung frei zugänglicher Limesinformationszentren in Weißenburg, Aalen, der Saalburg und in Rheinbrohl Rechnung getragen.

## Das Bodendenkmal Limes in seiner Originalsubstanz

Der größte Teil des Limes, seien es die Überreste von Wall und Graben bzw. der Limesmauer oder auch die Mehrzahl der militärischen Anlagen vom Wachtturm bis zum Kastell, sind oberirdisch nicht oder nur noch schwer zu erkennen (Abb. 1). Teilweise wurden der Verlauf des Denkmals oder seine Umrisse durch Bepflanzung sichtbar gemacht oder lassen sich anhand des natürlichen Heckenbewuchses identifizieren. Einige Bereiche konnten zwischenzeitlich in öffentliches Eigentum überführt und als Grabungsschutzgebiete ausgewiesen werden.

Der vordergründige Nachteil dieser Anlagen liegt darin, dass keine sichtbaren Baubefunde erkennbar sind und dem Besucher eine nicht unerhebliche Trans-

ferleistung abverlangt wird, die durch entsprechende Ausschilderungen oder mobile Informationssysteme angeregt werden muss. Dabei können moderne Prospektionsmethoden und virtuelle Rekonstruktionen wertvolle Unterstützung leisten. Das Manko des „unsichtbaren Welterbes“ wird allerdings durch den Umstand mehr als aufgewogen, dass dem Besucher hier ein Stück „unberührtes Welterbe“ präsentiert werden kann, das noch alle Zeugnisse zur Geschichte dieses Ortes in authentischer Form in einem Bodenarchiv für künftige Generationen bewahrt. Gerade dem modernen Menschen, dem der Schutzgedanke seiner Umwelt in vielfältiger Form geläufig ist, kann an solchen Orten die Notwendigkeit der Bewahrung des nicht sichtbaren Bodendenkmals besonders eindringlich nahegebracht werden. Die Kennzeichnung durch Bepflanzung bietet dabei unter Umständen auf längere Sicht eine effektive und kostengünstige Möglichkeit der Präsentation, die mit Mitteln der Landschaftsplanung auch als Naherholungsgebiet weiterentwickelt werden kann.

### Konservierte Bauwerke

Ein großer Teil der sichtbaren Limesanlagen, vor allem zahlreiche Turmstellen, kann heute in Gestalt von restaurierten bzw. konservierten Sockelmauern besichtigt werden (Abb. 4). Der Nachteil ist dabei, dass nur der Grundriss wiedergegeben wird, und die dreidimensionale Ergänzung der Vorstellungskraft des Besuchers oder aber den Erläuterungstafeln überlassen werden muss. Von Vorteil ist dagegen, dass durch den Verzicht

**3 Das Gelände des Limesmuseums Aalen mit den konservierten Mauern des Stabsgebäudes hinter dem Museum.**

4 Die konservierten Mauern des Kleinkastells Haselburg bei Walldürn, Neckar-Odenwald-Kreis.

5 Schutzbau von 2010 über den konservierten Mauern des Limestores bei Rainau-Dalkingen.

auf Ergänzungen falsche Rekonstruktionen und damit das mögliche Festsetzen falscher Bilder in den Köpfen der Besucher vermieden wird.

Alle diese Anlagen wurden in der Regel vorher archäologisch untersucht. Einige wurden mit ihrer direkten Umgebung als archäologische Parks mit Infotafeln und Steinabgüssen gestaltet, die sich auch als Veranstaltungsorte für temporäre Events von der Kastellwache bis zum Römerfest eignen. Sie bieten damit zwar eine gewisse Infrastruktur mit Park- und Verweilflächen, leisten allerdings im Sinne eines Lernortes wenig mehr als einen „topographischen Verweis" auf das vorhandene Bodendenkmal. Je nach Art der Gestaltung kann dabei sogar eine „Künstlichkeit" entstehen, die dem historischen Ort kaum mehr gerecht wird. Unter dem Aspekt der Nachhaltigkeit bedürfen diese Anlagen zudem einer finanziell abgesicherten Pflege und Betreuung, sollen sie nicht in relativ kurzer Zeit verwahrlosen. Über einigen sehr gut erhaltenen Denkmälern entstanden Schutzbauten bzw. Museen, wie bei den Kastellbädern in Osterburken und Weißenburg oder dem Limestor Dalkingen (Abb. 5). Je nach Art der Konservierung kann der Besucher hier ein sehr authentisches Bild des überlieferten Bodendenkmals erhalten.

## Rekonstruktionen

An einigen Orten am Limes wagte man in der Vergangenheit den Schritt, Teile des Limes und seiner Wehrbauten in ihrer vermeintlichen Originalgröße bzw. ihrem ursprünglichen Aussehen wieder aufzubauen. Diese Rekonstruktionen reichen vom Wiederaufbau der Saalburg, den zahlreichen Wachttürmen und Limesanlagen, über die Kasteltore in Welzheim, Weißenburg und Pfünz bis zum kompletten Nachbau des Kleinkastells Pohl im Jahr 2011 (Abb. 6).

Der Vorteil dieser Anlagen liegt darin, dass sie jedem Besucher, selbst dem nur beiläufig interessierten oder dem zufällig vorbeikommenden, ein leicht verständliches und damit einprägsames Bild vor Augen führen, das wegen seiner Einmaligkeit in der direkten Umgebung genügend Alleinstellungsmerkmale beinhaltet, um für längere Zeit im Gedächtnis zu bleiben. Durch die ständige, unübersehbare Präsenz solcher Anlagen im öffentlichen Raum bieten sie auch ein hohes Identifikationspotential für die Bevölkerung mit „ihrem Welterbe". Als Lernorte besitzen sie den Vorteil eines einfachen Zugangs in die historische Dimension des Ortes, wobei dieser Effekt durch weitere didaktische Angebote wie Führungen in römischer Kleidung (S. 108 Abb. 4) oder entsprechende Eventveranstaltungen noch gesteigert werden kann. Schließlich sind solche Rekonstruktionen unverzichtbare Elemente eines überregional angelegten Tourismuskonzeptes.

6 **Das vollständig rekonstruierte Kleinkastell Pohl im Rhein-Lahn-Kreis aus dem Jahr 2011.**

Das grundsätzliche Problem all dieser Rekonstruktionen ist jedoch, dass die jeweiligen archäologischen Befunde meist keine oder nur wenige Erkenntnisse zum Aussehen des aufgehenden Gebäudes ergaben. Und so entstanden zahlreiche Nachbauten nach bestem Wissen der Beteiligten, oft aber auch unter „äußeren Einflüssen", wie den vorhandenen finanziellen Mitteln, geltenden modernen Bauvorschriften oder den Vorgaben der späteren Nutzung. Einmal errichtet, prägen diese Rekonstruktionen für lange Zeit die öffentliche Wahrnehmung eines Denkmals, was durch die Verviel-

7 **Virtuelle Rekonstruktion der *principia* im Kastell Aalen von der *via praetoria* aus (links) und Informationstafel an der entsprechenden Stelle (rechts) auf dem Kastellgelände.**

fältigung der Bilder in den Medien nachhaltig gefördert wird. So lassen sich z. B. antik nicht überlieferte Bautechniken, wie die Blockbauweise mancher Holzturmrekonstruktionen (Abb. 12 e), nur sehr langfristig korrigieren, und neue Forschungsmeinungen, wie zur Frage der Höhe von Kastelltoren, können erst bei neuen Rekonstruktionen umgesetzt werden (Abb. 9).

Als möglicher Ausweg aus diesem Dilemma entstanden seit rund zehn Jahren vermehrt virtuelle Rekonstruktionen einzelner Kastellplätze, die zumeist als Filme in den jeweiligen Museen zu sehen sind und gleichzeitig als Einzelbilder für Informationstafeln genutzt wurden, wie z. B. in Aalen (Abb. 7), der Saalburg, Wörth am Main, Weißenburg oder Ruffenhofen. Die so rekonstruierte römische Vergangenheit in oft eindrucksvollen Illustrationen unterliegt jedoch denselben Schwierigkeiten und Gefahren wie Nachbauten im Gelände. Auch hier werden „Bilder" erzeugt, die aus verschiedenen Gründen in der Regel über lange Zeit im öffentlichen Gedächtnis bleiben.

Allerdings ist dies keine neue Erkenntnis, sondern galt und gilt für jede Form von Rekonstruktion. Als Beispiele seien hier die über Jahrzehnte reproduzierten Saalburg-Zeichnungen der Limesphasen (S. 7 Abb. 2) oder die Darstellung eines Limesübergangs im Zinnfigurendiorama des Limesmuseums Aalen genannt (S. 111 Abb. 7).

Vermittlungsarbeit am Limes ohne die Rekonstruktion seiner Sperranlagen und Kastelle ist aber weder sinnvoll noch vorstellbar, und so stellt sich für die Zukunft vor allem die Frage der Quantität und der Qualität solcher Vorhaben. Der entscheidende Faktor ist dabei immer, dass solche Projekte auf Grundlage vorangehender, möglichst breiter Forschungen erfolgen, wobei im Idealfall eine sorgfältige Dokumentation die Authentizität der Präsentation und Vermittlung unterstützt. Unter den Rekonstruktionen in Originalgröße der letzten Jahre seien in diesem Zusammenhang zwei Projekte hervorgehoben. Zum einen die im Jahr 2005 erstellte Teilrekonstruktion einer Reiterkaserne im Kastell Aalen (Abb. 8). Sie entstand auf der Grundlage der großflächigen Ausgrabungen der Kasernenareale im Vorgängerkastell Heidenheim in den Jahren 2000 bis 2004 und wurde als begehbares Modell im Maßstab 1:1 an einem „neutralen Standort" neben dem Limesmuseum auf einer Betonplattform errichtet.

8 Teilrekonstruktion einer Reiterkaserne im Maßstab 1:1 neben dem Limesmuseum Aalen.

9 Visualisierung der *porta principalis dextra* des Kastells Pförring im Jahr 2013.

Zum anderen die 2013 erfolgte Visualisierung der *porta principalis dextra* des Alenkastells Pförring (Abb. 9), die über dem Originalbefund in einer leichten, reversiblen Stahlkonstruktion entstand. Die Rekonstruktion erfolgte auf Grundlage der neuesten Forschungen zur Höhe der Kastelltore, wobei der gesamte Forschungs- und Planungsvorgang dokumentiert und publiziert wurde.

## Wachttürme als Symbole des Limes

Kein anderes Element der römischen Grenzarchitektur gilt im öffentlichen Bewusstsein so als Synonym für den römischen Limes in Deutschland wie die Wachttürme, von denen es entlang der 550 km langen Strecke vom Rhein bis zur Donau ursprünglich ca. 900 gegeben hat. Ausdruck dieser großen Beliebtheit sind dabei nicht nur die 24 aktuellen Nachbauten im Maßstab 1:1, sondern auch die vielfältige grafische Verwendung vom Wandersignet des Schwäbischen Albvereins

10 Darstellung von Wachttürmen auf der Traianssäule in Rom, um 110 bis 115 n. Chr.

11 Darstellung des raetischen Limes (?) mit Wachttürmen, (Klein-)Kastellen und Palisade auf der Marcussäule in Rom, um 180 n. Chr.

a

12 Rekonstruierte Wachttürme am Limes. a Bad Ems WP 2/1. – b Rheinbrohl WP 1/9. – c Osterburken WP 8/32. – d Großerlach-Grab WP 9/83. – e Lorch WP 12/14. – f Rainau-Schwabsberg WP 12/77. – g Hienheim WP 15/46.

bis zum Logo der Deutschen Limeskommission. Der Grund dafür liegt nicht nur in der klar erkennbaren äußeren Form der Türme, sondern auch in ihrer großen Verbreitung, wodurch jede Anrainergemeinde am Limes sich und ihre Limesgeschichte in diesem Symbol wiederfinden kann.

Die auf den ersten Blick klare Formensprache der Türme mit quadratischem Grundriss, umlaufender Galerie und pyramidenförmigem Dach beruht allerdings nicht auf den Ergebnissen der zahlreichen Ausgrabungen, sondern auf den Darstellungen der Traians- und Markussäule in Rom (Abb. 10; 11). Während die Türme der Traianssäule wohl eher Beispiele an der unteren Donau in Dakien wiedergeben, könnten die Bilder der Markussäule mit Wachttürmen, (Klein-)Kastellen(?) und dahinter verlaufender Palisade tatsächlich das Ende des raetischen Limes an der Donau zu Beginn der Markomannenkriege um 180 n. Chr. darstellen. Diese Reliefs bildeten die Vorlage der meisten Turmrekonstruktionen am Limes, von Bad Ems (WP 2/1; Abb. 12 a) aus dem Jahr 1874 bis zu den aktuell jüngsten, 2013 eingeweihten Nachbildungen in Osterburken (WP 8/32) und Hien-

b

c

d

e

heim (WP 15/46; Abb. 12 c.g). Lediglich die Funde von steinernen Fenstersäulen an Wachttürmen des Odenwaldlimes führten vor wenigen Jahren in Rainau-Schwabsberg (WP 12/77–2008; Abb. 12 f) und Michelstadt-Vielbrunn (WP 10/15–2010) zu baugleichen Rekonstruktionen ohne umlaufende Galerie, denen hinsichtlich dieses Baudetails der bereits 1926 errichtete Steinturm am Gaulskopf (WP 4/16) und die völlig anders umgesetzte Holzrekonstruktion des Turmes bei Rheinbrohl (WP 1/9; Abb. 12 b) an die Seite zu stellen sind.

f

g

Bei den momentan 24 Turmrekonstruktionen entlang des Limes lassen sich neun Steintürme, fünf Steintürme mit Holzfachwerkgeschossen, acht Holz- bzw. Fachwerktürme und zwei Türme in Stahlkonstruktion mit und ohne Holzverkleidung unterscheiden. Hinsichtlich der Baudetails wie der Art der Dachdeckung, der Gliederung in zwei oder drei Geschosse, mit oder ohne Verputz und roten Fugenstrich, mit Eingang im Erd- oder ersten Obergeschoss, bis hin zur Art des Innenausbaus weisen alle Türme vielfältige Unterschiede auf. Ebenso wurde die nahe liegende Kombination mit einem Abschnitt der Palisade oder Mauer nicht überall ausgeführt.

Während so in der Gesamtschau ein äußerst heterogenes Bild entsteht, erfüllt jeder Turm für sich dennoch seine Funktion als „markanter Hinweis" auf das Bodendenkmal und als Vermittlungsort für die Besucher. Einzelne wissenschaftlich belegte Baudetails stehen dabei bei vielen Türmen mehr oder weniger in Konkurrenz zum modernen Gesamterscheinungsbild, das über die Jahrzehnte ebenfalls Patina ansetzt und einem historisierenden Eindruck Vorschub leistet. Von daher müssen an allen Rekonstruktionen Informationstafeln über die Genese des Bauwerks Auskunft geben.

Der aktuelle Versuch, bei den 2013 errichteten Türmen in Osterburken und Hienheim (Abb. 12 c, g) durch die sichtbare Verwendung von Beton oder Stahl dem historisierenden Eindruck entgegenzuwirken, kann ein Weg in die richtige Richtung sein, wobei der zu moderne Eindruck eines „architektonisch ungewöhnlichen Aussichtsturmes" vermieden werden sollte. Ohne Zweifel werden jedoch alle bestehenden Turmrekonstruktionen auch in Zukunft eine wichtige Rolle als Vermittlungsorte am Limes spielen, an denen ein breites Besucherspektrum auf vielfältige Weise informiert und unterhalten werden kann.

### Künftige Planungen

Eine Vermittlungsarbeit, die dem dauerhaften Schutz des gesamten Denkmals oberste Priorität einräumt, benötigt Orte, die im Sinne eines nachhaltigen Kulturtourismus ausgebaut und gleichzeitig den Ansprüchen der Anwohner sowie der Schülerbetreuung gerecht werden. Auf der Grundlage der bestehenden vielfältigen Erhaltungs- und Präsentationsformen entlang des Limes lassen sich folgende Kategorien solcher Vermittlungsorte definieren:

Der Limes

- als sichtbar erhaltenes unberührtes Bodendenkmal in seiner naturbelassenen Umgebung;
- als sichtbar oder unsichtbar erhaltenes Bodendenkmal mit sensibler Visualisierung durch Bepflanzung;
- als konservierte oder teilrekonstruierte Anlage, als gestaltete Parkanlage, als Naherholungsgebiet und/oder touristische Anlaufstelle;
- als rekonstruierte Anlage im Maßstab 1:1, als markanter Lernort, touristischer Anziehungspunkt und Identifikationssymbol für die ganze Bevölkerung;
- in überregionalen und regionalen Museen mit der Präsentation der Originalfunde und einem entsprechend breiten museumspädagogischen Angebot.

In der Zukunft wird weiterhin darauf zu achten sein, wie solche Lern- und Erholungsorte entlang des Limes verteilt und weiterentwickelt werden.

# Der Limes und Museumspädagogik

von Lydia Walter

Nach der Definition des ICOM (s. Kasten) sind Museen Einrichtungen, in denen Objekte von kulturellem Wert verwahrt, erforscht, ausgestellt und vermittelt werden. Dies gilt auch für die rund 50 größeren und kleineren Museen entlang des Limes.

Mit der Welterbe Auszeichnung 2005 fiel den Museen eine zentrale Rolle in der Vermittlungsarbeit zu, die sowohl in den Limesentwicklungsplänen der vier Bundesländer wie auch im Managementplan der UNESCO genauer definiert wurde. Vermittlung bedeutet dabei heute jedoch nicht allein das bloße Präsentieren der originalen Objekte oder die Bereitstellung von Informationen in Form von Texten und Bildern. Es bedarf vielmehr eines pädagogischen Vermittlungsansatzes, um das breite Spektrum der Besucher zu erreichen. In diesem Aufgabenfeld kommt der Museumspädagogik eine entscheidende Rolle zu (Abb. 1).

„Ein Museum ist eine im öffentlichen Interesse verwaltete, ständige Einrichtung mit der Aufgabe, Objekte von kulturellem Wert zu wahren, auf unterschiedliche Art und Weise zu erforschen und zur Freude und zur Bildung der Öffentlichkeit auszustellen."

Offizielle Definition des International Council of Museums (ICOM).

## Vom Tempel zum Lern- und Erlebnisort

Schon zu Beginn des 20. Jh. wurden pädagogische Ansätze in den Museen eingeführt, konnten sich in den folgenden Jahrzehnten aber nicht nachhaltig etablieren. Erst in den 1960er-Jahren entstand die Museums-

1 Führung mit Schülern im Limesmuseum Aalen.

2 Herstellen von Lederbeuteln im Limesmuseum Aalen.

pädagogik neu und wurde in vielen Museen institutionalisiert. Für die Bildungsangebote gab es nun ein eigens dafür verantwortliches Personal, das aus museumsinternen und externen Mitarbeitern bestand. Der Anstoß zu dieser Institutionalisierungswelle erfolgte vor allem durch die Kritik aus Bildungsreformbestrebungen heraus, die Museen als „Tempel für Eingeweihte" bezeichneten. Dieses Erscheinungsbild führte auf der einen Seite zu einer „Schwellenangst" bei Menschen mit geringer Vorbildung. Auf der anderen Seite brachte die Beschränkung auf die „Bildungsbürger" einen starken Besucherrückgang mit sich.

Um diesen Entwicklungen entgegenzuwirken, wurde angestrebt, Museen als Orte der Bildung anzusehen, die „Bildung für alle" garantieren. Impulse für diese neue Art der Museumspädagogik kamen aus den USA, wo der Bildungsauftrag der Museen von Anfang an ein demokratisches Leitziel war. Demzufolge sollten sich Museen um gleiche Bildungschancen für alle Menschen bemühen, da sie der Allgemeinheit verpflichtet seien. Ende der 1960er- und in den 1970er-Jahren entstanden vor diesem Hintergrund auch in Deutschland etliche museumspädagogische Institutionen, die auf der Zusammenarbeit von Schule und Museum beruhten, wie zum Beispiel das Kunst- und Kulturpädagogische Zentrum in Nürnberg und das Museumspädagogische Zentrum in München. Seit den 1980er-Jahren kam es verstärkt zu einer Erweiterung des musealen Vermittlungsauftrages, wobei kulturelle Bildung nicht nur als sinnvolle Freizeitgestaltung, sondern in einem direkten Bezug zur Lebens- und Alltagswelt der Besucher gesehen wurde.

Diese Ausweitung des Vermittlungsansatzes ging in den letzten Jahrzehnten einher mit der Einrichtung zahlreicher Museumsneubauten. Der oben beschriebene demokratische Bildungsauftrag spiegelte sich dabei nicht nur in modernen, offenen Architekturen wider, sondern auch in der Spezialisierung auf einzelne Themen und Epochen sowie in der regionalen Bindung an historische Fundplätze und damit an den Alltag der Menschen vor Ort. Neben großen Häusern, wie dem Römisch-Germanischen Museum in Köln, steht auch das Limesmuseum in Aalen mit seiner Gründung 1964 und dem Ausbau 1979 bis 1981 für diese Entwicklung. Dass diese entlang des Limes bis heute anhält, belegen die Gründungen bzw. der Ausbau der Museen u. a. in Weißenburg (1983 und 2013), Künzing (2001), Osterburken (2006), Ruffenhofen (2012) und Welzheim (2013).

### Begriff der Museumspädagogik

Unter dem Begriff „Museumspädagogik" versteht man streng genommen die Lehre von der Vermittlung des

Sammlungsgutes eines Museums. Sie beschränkt sich heutzutage aber nicht mehr nur auf die Exponate, sondern ist darüber hinaus ein Sammelbergriff für alle didaktischen, methodischen und medialen Fragen der Vermittlung und der Bildungsfunktion eines Museums. Zu den Aufgabenbereichen zählen nicht nur das Durchführen von Aktionen und Führungen, sondern auch die Konzeption von Begleitprogrammen für Sammlungs- und Sonderausstellungen, die Einrichtung und Pflege von „Hands-on"-Bereichen, das Erstellen didaktischer Materialien oder Audioguides, die enge Zusammenarbeit mit Lehrkräften, die Zusammenarbeit mit der Öffentlichkeitsarbeit und dem Marketing und somit auch das Organisieren von Vorträgen, Exkursionen, Konzerten und Ausstellungsnächten. Zu den Zielgruppen der Museumspädagogik zählen Schüler bzw. Schulklassen, Kinder, Jugendliche, Erwachsene und Senioren, Touristen und Behinderte. Diese können in ihrer Gewichtung von Museum zu Museum unterschiedlich sein. Bei jeder dieser Zielgruppen ist es wichtig, die Vermittlungs- bzw. Lernsituation offen darzustellen und den Informationsgehalt anschaulich zu halten (Abb. 2).

> „Nichts ist im Verstand, was nicht vorher in den Sinnen wäre".
>
> Thomas von Aquin, 13. Jh.

Das Zitat des Thomas von Aquin beschreibt dabei sehr gut das Problem, dass nicht alles, was auf unsere Sinne trifft, auch vom Verstand erfasst wird. Der erste Eindruck der Besucher entscheidet somit meist darüber, ob sie sich den Dingen mit Interesse widmen oder nicht. Dem jeweiligen Vermittler kommt hier eine entscheidende Aufgabe zu, die einer entsprechenden Schulung bzw. Erfahrung bedarf. Die Besucher wollen etwas erleben, und so erwarten sie bei einem Museumsbesuch intellektuelle Anregungen, kreative Anstöße, Spaß und Unterhaltung. Daraus stellt sich bei jeder museumspädagogischen Aktion die elementare Frage: „Was soll wem wie vermittelt werden"? Es gilt hierbei bildungsnahe und bildungsferne Besuchergruppen zu interessieren, zwischen deutscher und nichtdeutscher Herkunft zu vermitteln und Jung und Alt gleichermaßen zu bedenken.

## Museumspädagogik und Schule

Eines der wichtigsten Arbeitsfelder ist die Betreuung von Schulklassen. Dabei ist jedoch zu beachten, dass das Museum keine Schule ist und im Gegenzug der in ein Museum verlagerte Schulunterricht keine Museumspädagogik darstellt. Die Museumspädagogen wollen Wissen nicht in schulischer Form vermitteln. Es geht nicht darum, viel Wissen in kurzer Zeit einer passiven Gruppe zu vermitteln, sondern mit aktiven Vermittlungsmethoden zur Aneignung von Kenntnissen zu führen. Die pädagogische Vermittlung wird durch Führungen, Arbeits- und Führungsblätter, Museumsführer wie auch Malen und Basteln im Museum (gegenständige Tätigkeit) durchgeführt (Abb. 3). Zwischen Schule und Museum bestehen eindeutige Unterschiede: Der Besuch eines Museums geschieht zumeist freiwillig, den Vermittlungen liegt kein Lehrplan zugrunde, es gibt keine Kontrolle und keine Sanktionen, die Vermittlung ist neutral, interpersonale Beziehungen können, müssen aber keine Rolle spielen, das Lernen geht über das originale Objekt hinaus und im Museum müssen keine Lernziele erreicht werden, es wird weder wiederholt noch geübt.

Trotz aller Unterschiede kann die Museumspädagogik eine hilfreiche und wertvolle Ergänzung der im Lehrplan vorgeschriebenen Themen sein. Schulklassen nutzen das Museum als außerschulischen Lernort, wobei der Museumsbesuch als Einstieg in eine Lernplaneinheit, als Vertiefung oder als abschließender Überblick dienen kann. Wenn ein solcher Besuch im Unterricht vor- und nachbereitet wird, kann ein signifikant höherer Lernerfolg verzeichnet werden.

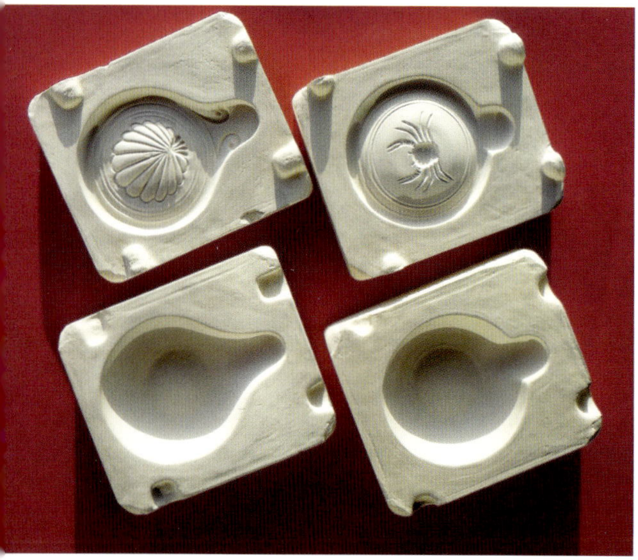

3 Matrizen zur Öllämpchenherstellung.

4 Eine Führung mit Limes-Cicerones in Welzheim.

Im Hinblick auf den Limes als Vermittlungsobjekt gibt es seit den 1970er-Jahren eine intensive Zusammenarbeit zwischen den Schulen und den (Limes-) Museen, die sich nicht nur in der Behandlung des Limes in den Schulbüchern, sondern auch in den schulpädagogischen Angeboten der Museen widerspiegelt. Heute ergeben sich je nach Ausrichtung der verschiedenen Lehr- und Bildungspläne unterschiedliche Ansätze, die vor allem den Geschichts- und Lateinunterricht betreffen. Diese können von der heimatkundlichen Einbettung des Limes als Bodendenkmal über allgemeine Aspekte zum Leben in der Römerzeit bis hin zu spezifischen Themen der lateinischen Sprache und Schrift oder der politischen und gesellschaftlichen Bedeutung des Themas „Grenzen" reichen.

Die erfolgreiche Vermittlungsarbeit im Rahmen der Schulpädagogik ist dabei eine doppelte Investition in die Zukunft. Sie macht aus den Schülerinnen und Schülern nicht nur wichtige Multiplikatoren als künftige Museumsbesucher, sondern fördert im Idealfall ihr lebenslanges Bewusstsein für kulturelle Belange, ins-

besondere hinsichtlich des Schutzes und des Erhalts historischer Denkmäler und Objekte, wie zum Beispiel des Limes.

### Die Limes-Cicerones

Eine besondere Form der Vermittlungsarbeit am Limes leisten die so genannten Limes-Cicerones. Es handelt sich hierbei um geschulte Gästeführer am Weltkulturerbe (Abb. 4). Sie sehen sich selbst auch als „Reiseführer" für die „antiken Relikte der römischen Herrschaft". Der Begriff „Cicerone" stellt eine Verbindung zum Römischen Reich her. Damals wurden zungenfertige Fremdenführer, die wegen ihrer Beredsamkeit nach dem römischen Redner, Politiker und Schriftsteller Marcus Tullius Cicero aus dem 1. Jh. v. Chr. „Cicerone" genannt. Der Verband der Limes-Cicerones wurde mit Unterstützung des Rems-Murr-Kreises und des Ostalbkreises, des Vereins der Deutschen Limesstraße, des Archäologischen Landesmuseums Baden-Württemberg und des Landesamtes für Denkmalpflege im Februar 2005 gegründet. Die individuellen Interessen und Stärken des jeweiligen Cicerones führen zu einer breiten Angebotspalette. Sie organisieren kurze Führungen an Einzelobjekten, Halb- und Ganztagsfahrten für Schüler, Wanderer und Volkshochschulgruppen, aber auch maßgeschneiderte Events für Vereine und Unternehmen und wollen somit ihren Gästen am Limes etwas bieten. Viele legen großen Wert auf historisch authentische Kleidung und Ausrüstung, in der sie Szenen aus dem römischen Grenzleben nachspielen. Der Begriff „Event" liegt auch hier, wie bei der Museumspädagogik, stark im Trend. Sie wenden gleiche oder ähnliche Methoden wie im Museum an. Das Weltkulturerbe Limes soll von den Besuchern mit allen Sinnen wahrgenommen werden. Zugleich werben sie aber auch für einen verantwortungsvollen Umgang mit dem Bodendenkmal (s. o. S. 94 ff.). Ihr Ziel ist es, die Bewohner und Besucher der einstigen römischen Grenzregion kundig und unterhaltsam über das römische Kulturerbe zu informieren.

### Gesellschaftlicher Auftrag und Ziele – öffentliche Erwartung

Museen haben heute den umfassenden gesellschaftlichen Auftrag, soziokulturelle Vermittler zu sein. Um diesen zu erfüllen, hat sich die Museumspädagogik Ziele in verschiedenen Bereichen gesetzt.

Die Geschichts- und Wissensvermittlung soll es leichter machen, historische Zusammenhänge zu verstehen und als Beitrag der Identitätsfindung zu nutzen. So kann das allgemeine Geschichtsinteresse angeregt und die Herstellung einer emotionalen Bindung zur Region als Motivation für die Erhaltung des historischen Kulturgutes gefördert werden. Die Wissensvermittlung muss dabei einer hohen Qualitätsprüfung unterliegen, wobei auf eine interessante wie auch nachhaltige Vermittlung von Ausstellungsinhalten auf der Ebene von Spaß und Erlebnis geachtet werden muss.

5 Vermessungsübung mit der *groma*.

Ein wichtiges Qualitätskriterium ist dabei vor allem auch das aktive Lernen am Objekt durch sinnlich-ästhetische Erfahrungen als spezifisch museales Vermittlungsangebot. Ein weiteres Ziel ist in diesem Zusammenhang die Vermittlung von Methodenkompetenz (Abb. 5). Durch Beobachtungs- und Wahrnehmungsschulung erzielt man eine Sensibilisierung gegenüber den Exponaten, was wiederum die eigenschöpferischen Fähigkeiten anregen und fördern kann.

Allerdings stehen die Museen und mit ihnen auch die Museumspädagogik in einem ständigen Spannungsfeld zwischen dem pädagogisch-wissenschaftlichen Anspruch der Vermittlung und der Orientierung an den Besuchern. Besucherorientierung bedeutet dabei, auf gesellschaftliche Erwartungen und Verhaltensmuster einzugehen und sie in die museale Präsentation zu integrieren. Diese Anpassung ist zugleich politische Legitimation und Überlebensstrategie, denn die Missachtung oder auch Ignoranz gegenüber den Interessen der Zielgruppen würde unweigerlich zu einem Besucherrückgang führen. Umgekehrt ist eine erfolgreiche Vermittlungsarbeit der entscheidende Faktor zur Popularisierung der Museen, die zu einer langfristigen Bindung der Besucher an das jeweilige Haus führen kann.

Ein wichtiges Kriterium für die Besucher ist dabei heute die Erlebnisorientierung. Erwartet wird ein interaktiver Vermittlungsansatz, der den Besucher nicht zum reinen Rezipienten einer vorgesetzten Wahrheit macht, sondern ihm die Möglichkeit gibt, sich eigenverantwortlich und handlungsorientiert den Zeugnissen der Vergangenheit und den angebotenen Vermittlungsformen zu stellen. Freizeitspaß und Erlebnis auf der einen Seite sowie Geschichts- bzw. Kulturvermittlung auf der anderen Seite müssen dabei keine Gegensätze sein, und es besteht auch kein Grund, die Museen wegen der Veranstaltung von Römertagen und Museumsfesten in die Nähe von Freizeitparks zu rücken (Abb. 6).

In den Museen entlang des Limes wurden deshalb in den vergangenen 20 bis 30 Jahren immer wieder erfolgreich Aktionen aus den Bereichen Reenactment und Living History in die Vermittlungsarbeit eingebunden. Gleiches gilt für die Verknüpfung der musealen Präsentation des Limes und seiner Funde mit den erhaltenen Resten des Bodendenkmals in der näheren oder weiteren Umgebung, wobei eine enge personelle Zusammenarbeit zwischen den Museumsmitarbeitern und den seit 2004 tätigen Limes-Cicerones die Voraussetzung bildet.

Entscheidend ist bei all dem, dass die Vermittlung von Geschichte entlang des Limes als Teil des öffentlichen Bildungsauftrages an gewisse Grundsätze gebunden bleibt, nämlich dass sie weiterhin auf der

6 Einmal im Leben ein Römer – Schüler in Rüstung.

Grundlage der Forschung und des authentischen Bewahrens der Objekte und Denkmäler beruhen muss. Denn nur die Authentizität der Präsentation und Vermittlung garantiert ein Erlebnis der Archäologie, das nicht in Konkurrenz treten muss zu Vergnügungsparks und multimedialem „Histotainment".

## Museumspädagogik im Limesmuseum Aalen

**von Lydia Walter und Ermelinde Wudy**

Am 5. Juni 1964 wurde das Limesmuseum Aalen als Zweigmuseum des Württembergischen Landesmuseums eröffnet. Schon bald nach der Eröffnung zeigte sich reges Interesse bei der Bevölkerung. Innerhalb von zehn Jahren konnte eine Besucherzahl von insgesamt 80500 verzeichnet werden. Nach der letzten Zählung im Jahr 2013 belief sich die Gesamtzahl auf über 1,5 Millionen Besucher. Den größten Anteil bilden hierbei Kinder und Jugendliche.

Erste museumspädagogische Ansätze bestanden seit Eröffnung des Museums in Form von instruktiven Faltblättern und Führungen zur Dauerausstellung. Schon damals wurde das Limesmuseum von Schulklassen als außerschulischer Lernort aufgesucht. Beliebt waren hier vor allem zwei Installationen: Zum einen die Wachtturmmodelle, die den Limes und die Wachttürme in der zeitlichen Entwicklung darstellen, sowie das Zinnfigurendiorama (Abb. 7), das verschiedene Szenen vom Leben der Soldaten an der Grenze zeigt. Die Darstellung einzelner Szenen aus dem antiken Leben empfanden Besucher schon damals als sehr anschaulich, und nicht nur für Kinder sind diese „Miniwelten" bis heute attraktiv.

Mit der Wiedereröffnung nach dem Umbau des Museums im Herbst 1981 wurde ein kompetentes und ausgebildetes Führungsteam zusammengestellt und erste kleine Veranstaltungen organisiert. Gegen Ende der 1980er-Jahre erfolgte eine kontinuierliche Weiter-

7 Zinnfigurendiorama aus den 1960er-Jahren.

8 Museumskoffer im Limesmuseum.

entwicklung der Museumspädagogik und die Einführung zahlreicher neuer Events, wie zum Beispiel das erste kleinere Römerfest in Deutschland. In den 1990er-Jahren machte das Limesmuseum Aalen weitere große Schritte in der Entwicklung museumspädagogischer Methoden. Wichtig hierbei war, dass die wissenschaftliche Leitung das museumspädagogische Angebot und die Ideen zu Veranstaltungen immer offen und interessiert befürwortete und den Museumspädagogen stets als kompetenter Berater zur Seite stand. Erwähnenswert ist hier auch die Unterstützung und Zusammenarbeit mit dem damaligen Schul-, Sport- und Kulturamt der Stadt Aalen.

So wurde der erste Museumskoffer Süddeutschlands zusammengestellt, der 35 Originalfunde aus römischer Zeit beinhaltete (Abb. 8). Diese Koffer können zu Lehrzwecken ausgeliehen werden, um so beispielsweise den Geschichtsunterricht anschaulicher zu gestalten. Als eines der ersten Museen bot das Limesmuseum seit 1995 die Möglichkeit an, in seinen Räumlichkeiten erlebnisreiche Kindergeburtstage zu veranstalten. Neben einer altersgerechten Kurzführung durch die Ausstellung haben die Kinder unter anderem die Möglichkeit, sich als Römer zu verkleiden, römische Spiele zu spielen und eine der zahlreichen museumspädagogischen Aktionen durchzuführen.

Ab 2000 wurden zahlreiche Umbauten im Innen- und Außenbereich vorgenommen. Unter anderem konnte ein Museumspädagogikraum und ein großzügiges Foyer mit Aktionsflächen eingerichtet werden, durch die das museumspädagogische Angebot und die Themenvielfalt kontinuierlich erweitert wurde. Grundsätzlich zeigt sich in den letzten Jahren, dass die reine Wissensvermittlung im Rahmen von Führungen immer weiter in den Hintergrund rückt und Projektarbeiten, die Führungen und handlungsorientierte Aktionen kombinieren, an Bedeutung zunehmen. Man ist bemüht, Bildungspartnerschaften mit Schulen einzugehen um die Zusammenarbeit von Museumspädagogen und Lehrkräften zu intensivieren. Von großer Bedeutung ist hierbei auch die Zusammenarbeit mit

9 Herstellen und Ausprobieren römischer Blasinstrumente.

Schulbuchverlagen – das Limesmuseum Aalen wird bereits in mehr als 100 Schulbüchern in Beiträgen erwähnt und abgebildet. Eine weitere Herausforderung, aber auch eine große Chance, kam für das Museum im Jahr 2005, in dem der Limes als UNESCO-Welterbe anerkannt wurde. Das Limesmuseum erhielt dadurch eine zentrale Rolle als größter Lern- und Vermittlungsort zum Limes in ganz Baden-Württemberg. Zudem ist im Museum das Limes-Informationszentrum ansässig, das im Eingangsbereich über die Thematik des Welterbes informiert.

Um das museumspädagogische Erlebnis anschaulicher und greifbarer zu gestalten, werden seit 2007 in unregelmäßigen Abständen archäologische Experimentiertage veranstaltet, an denen Archäotechniker und experimentelle Archäologen Geschichtsexperimente von der Steinzeit über die Kelten bis zu den Römern und Germanen vorführen. Weiterhin wurden Aktionstage unter dem Motto „Lebendiges Museum" eingeführt, an denen das Museum zum Leben erwacht und als Römer und Germanen verkleidete Darsteller den militärischen und zivilen Alltag am Limes unter anderem als Mitmachaktionen vorführen (Abb. 9).

Im Gesamten gesehen hat sich die Ausrichtung der Museumspädagogik in den letzten 50 Jahren grundlegend verändert. Neben den Führungen zur Wissensvermittlung, die in den 1960er-Jahren im Vordergrund standen, wird heute immer mehr auch auf das „Erlebnis" Wert gelegt. Die grundlegende Zielsetzung der Museumspädagogik im Limesmuseum stellt sich wie folgt dar:

- Auseinandersetzung mit der Thematik des Museums und den Ausstellungsstücken
- Etablierung des Museums als außerschulischem Lernort
- Schwellenabbau
- Erlebnisorientierung der Vermittlung
- Forcierung der Fragenentwicklung im Zuge von Aktionen
- Förderung des Verständnisses von Zusammenhängen
- Anknüpfung an die Lebenswirklichkeit von Kindern und Jugendlichen
- Bindung von Schulen und Gruppen an das Museum
- Vermittlung der Zeugnisse des UNESCO-Welterbes Limes

Waren die Zielgruppen der Museumspädagogik im Limesmuseum zu Beginn überwiegend im Bereich der Schüler der Klassen 1 bis 10 sowie von Familien angesiedelt, erweiterte sich dies im Laufe der Jahre insbesondere um Kinder im Vorschulalter und Behinderte. Heute beläuft sich die Anzahl der Besucher im Kinder- und Jugendalter auf ca. 12 000 bis 16 000 im Jahr.

Die Angebote des Limesmuseums Aalen umfassen heute unter anderem:

- Führungen für Schüler und Erwachsene
- Museumsquiz für unterschiedliche Altersstufen
- Museumskoffer
- Lehrerfortbildungen
- Projektarbeit für Schüler (z. B. Falschmünzerei, Schreiben in der Antike, Schmuckherstellung, Düfte und Salben)
- Kindergeburtstage
- Aktionstage („Lebendiges Museum")
- Archäologische Experimentiertage
- Ferienprogramme
- Familienferiennachmittage
- Erlebniswochenenden
- Exkursionen an den Limes
- Römertage
- extra Aktionen zu Sonderausstellungen

Durch diese vielfältigen Angebote im Bereich der Museumspädagogik erfüllt das Limesmuseum Aalen seine Aufgabe in der Wissens- und Kulturvermittlung und macht so das Museum auch zu einem Erlebnisort für Jung und Alt.

# Der Limes – Reenactment und Living History: neue Methoden der Vermittlung

Von Lydia Walter

Historische Ereignisse nachzustellen oder sich historisch zu kleiden sind sehr alte Phänomene und stellen ein seit Jahrtausenden zu belegendes Bedürfnis der Menschen dar. Man denke an die seit dem hohen Mittelalter jährlich stattfindenden Passionsspiele, in denen das Leiden und der Tod Jesu Christi dargestellt werden. Ende des 19./Anfang des 20. Jh. kamen im Deutschen Kaiserreich historische Umzüge und Feste in Mode. Zum Beispiel wurde im Jahr 1903 die „Landshuter Hochzeit" ins Leben gerufen. Bei diesem Festakt mit historischem Umzug wird die Hochzeit der polnischen Prinzessin Hedwig mit dem Landshuter Herzogsohn Georg von 1475 bis heute alle vier Jahre gefeiert und dargestellt. Auch entlang des Limes lassen sich solche Aktivitäten nachweisen. Dies gilt besonders für die Saalburg, die mit der Förderung Kaiser Wilhelms II. seit 1870 wieder aufgebaut wurde und wo immer wieder spektakuläre Römerfeste stattfanden (Abb. 1). Dass dies kein Einzelfall war, belegt das Römerfest in Osterburken auf dem Kastellgelände anlässlich der Einweihung des Kriegerdenkmals im Jahr 1897 (Abb. 2).

Das durch solche Feste und Umzüge entstandene romantisierende Bild der Geschichte prägte die Vorstellungen vieler Menschen und fasziniert bis heute. Für das große Interesse und die Beliebtheit sprechen auch die Besucherzahlen der verschiedenen heutigen Veranstaltungen, wie zum Beispiel Römerfeste und Mittelaltermärkte. Die Nachfrage nach bestimmten Gruppen von Seiten der Festveranstalter steigt ständig und auch für viele Museen sind solche Events feste Bestandteile ihres Jahresprogramms.

Doch was genau ist Reenactment und was Living History? Beide Begriffe werden in der Literatur und in der Öffentlichkeit oft als Synonyme gebraucht. Es gibt jedoch Unterschiede zwischen diesen beiden Darstellungsarten.

## Reenactment und Living History

Das Reenactment (engl. „Wiederaufführung") hat sich zur Aufgabe gemacht, auf Grundlage der überlieferten Quellen ein konkretes historisches Ereignis möglichst authentisch zu rekonstruieren. Im Idealfall sollte dieses Ereignis am Originalschauplatz und zu denselben Bedingungen stattfinden wie in der Vergangenheit.

1 „Römische Legionäre" mit Geschütz (Saalburg 1920).

**2 Postkarte zu den Festspielen zur Einweihung des Kriegerdenkmals 1897 in Osterburken.**

Reenactment geht dabei auf die „Theorie der Historiographie" von R. G. Collingwood, einem Historiker und Philosophen, zurück. In seiner Theorie beschreibt er, dass die Aufgaben eines Historikers darin liegen, auf Grundlage der überlieferten Quellen die Vergangenheit zu rekonstruieren, indem er erneut Gedanken und Intentionen der handelnden Akteure durchspielt, die sich in den vergangenen Ereignissen ausdrücken. Dabei ergibt sich auch eine enge Zusammenarbeit mit der experimentellen Archäologie und der Archäotechnik. Somit wird eine Plattform eröffnet um geschichtliche Erfahrungen zu sammeln und wertvolle Experimente durchzuführen, die auch für die wissenschaftliche Forschung von Bedeutung sein können.

Living History (engl. „gelebte Geschichte") beschreibt die Darstellung historischer Lebenswelten durch Personen, deren Kleidung, Ausrüstung und Gebrauchsgegenstände in Material und Stil möglichst realistisch der dargestellten Epoche entsprechen. Ihre Aufgabe ist es, auf der Basis eines wissenschaftlichen Ansatzes ganze geschichtliche Epochen verständlich und vermittelbar zu machen. Der Unterschied zwischen Reenactment und Living History liegt somit darin, dass bei Ersterem eher das Einzelereignis zählt, während Living History auf eine längere Aufrechterhaltung einer historischen Situation abzielt. In den letzten Jahren hat man sich zur Aufgabe gemacht, Interesse für die Geschichte bei einem breiten Publikum zu wecken. Dafür ist es wichtig, dass der Mensch und seine Lernerfahrung im Mittelpunkt stehen und nicht unbedingt Zahlen und Fakten. Die Personen, die Living History betreiben, werden Akteure oder aber auch „costumed interpreters" genannt. Diese müssen zwar über ein gewisses akademisches Wissen verfügen, dürfen aber dieses Wissen nicht wie ein Akademiker kommunizieren. Sie benötigen auch viel Erfahrung im Umgang mit

3 Auswahl an römischen Nahrungsmitteln und Gewürzen.

Menschen jeder Altersklasse und Bildungsschicht. Die Darstellungen reichen von der Urgeschichte über Bronze- und Eisenzeit und die römische Kaiserzeit bis zum Mittelalter und in die Neuzeit. Größter Beliebtheit erfreuen sich das Frühmittelalter wie aber auch die römische Kaiserzeit.

Diese Form der Living History wird in letzter Zeit immer öfter von Museen als Teil der Museumspädagogik angesehen bzw. eingesetzt und als „personale Geschichtsinterpretation" bezeichnet. Von großer Bedeutung sind die wissenschaftliche Korrektheit und ein hoher didaktischer Anspruch. Der große Vorteil von Living History in Museen liegt darin, dass diese Vermittlungsform Bilder schafft, die durch die Sinne, wie Sehen, Riechen und Hören, wahrgenommen und leichter verinnerlicht werden können. In dieser leichteren „Begreifbarkeit" von Geschichte liegt jedoch auch ein großes Risiko. Bei den Recherchen, der Vorbereitung, bei den verwendeten Ausstattungsstücken und schließlich auch der Moderation können viele Fehler unterlaufen, die die Qualität der Vermittlung schmälern. Schließlich ist es auch wichtig, den Besuchern zu vermitteln, dass es sich bei den Darstellungen um Rekonstruktionen bzw. moderne Annäherungen an die historische Realität handelt, wobei viele Aspekte und Details aufgrund der schwierigen Überlieferung nicht zweifelsfrei darzustellen sind. Es ist daher unabdingbar, die entsprechenden Mitarbeiter besonders zu schulen oder freie Mitarbeiter bzw. gebuchte Gruppen vorher genau zu überprüfen. Das Ziel der Museen muss hierbei die größtmögliche Genauigkeit sein.

## Akteure und Motivation

Die Reenactment- und Living-History-Gruppen zählen allein in Deutschland über 10 000 Mitglieder. Woher kommt das rege Interesse? Wer sich dieser Beschäftigung hingibt, hat sich weder ein leichtes noch ein kostengünstiges Hobby ausgesucht. Das Rekonstruieren und Herstellen der historischen Kostüme, Rüstungen und Ausrüstungsgegenstände in authentischen Materialien ist schwierig und zugleich sehr kostenintensiv. Dazu kommt, dass man durch Experimente und Reenactment-Aktivitäten einen intensiven Verschleiß der kostspieligen Requisiten hinnehmen muss. Honorare bei Museumsfesten oder Fernsehanstalten können nur einen kleinen Teil der anfallenden Kosten abdecken. Die Gründe, dieses Hobby trotzdem zu betreiben, können verschiedenster Art sein: intensives Interesse an der Geschichte, handwerklicher Ehrgeiz, Drang nach „sportlicher" Betätigung in nicht alltäglicher Form, wie zum Beispiel bei Gewaltmärschen und Fechtübungen, Bedürfnis nach körperlicher Selbstbestätigung und vielleicht auch nur der Wunsch, bei etwas Außergewöhnlichem und Spektakulärem mitzumachen.

Der methodische Ansatz, Geschichte bzw. vergangene Lebenswelten mit detailreicher Genauigkeit nachzustellen, steht dabei zwar immer in der latenten Gefahr diese in der Tradition des 19. Jh. zu romantisieren bzw. sogar zu mystifizieren. Den verantwortlich handelnden Akteuren der Reeanctment- und Living-History-Gruppen ist es jedoch auch zu verdanken, dass sowohl in der Öffentlichkeit wie auch in der Ge-

4 **Die Ermine Street Guard vor dem Limesmuseum Aalen.**

schichtswissenschaft und Archäologie das Interesse an Alltagsgeschichte stärker geweckt wurde. Dies hat nicht nur zur Folge, dass Musik aus dem Mittelalter und der Renaissance oder Kochbücher aus der Steinzeit und Römerzeit immer beliebter werden (Abb. 3). Auch die wissenschaftliche Bearbeitung und Deutung von Gegenständen des Alltags oder der Bewaffnung und Ausrüstung konnte dadurch wesentlich vorangebracht werden.

## Rekonstruktionen der römischen Vergangenheit

Die römische Kaiserzeit zählt zu den am häufigsten dargestellten Epochen. Dabei steht bedingt durch die gute Forschungssituation das römische Militär eindeutig im Vordergrund. Gerade zur Ausrüstung und Bewaffnung der Soldaten liegen zahlreiche Schrift- und Bildquellen, aber auch viele gut erhaltene archäologische Fundobjekte vor. Dennoch war es über lange Zeit nicht einfach, einen römischen Soldaten darzustellen. Die Steindenkmäler des 1. und 2. Jh. n. Chr. prägten für lange Zeit ein vermeintlich sehr einheitliches und statisches Bild, welches zudem auf die gesamte Dauer der römischen Militärgeschichte übertragen wurde. Chronologische Differenzierungen oder Unterschiede zwischen Legionären und Auxiliarsoldaten spielten kaum eine Rolle. Erst ab den 1960er-Jahren änderte sich dies, nicht zuletzt durch zahlreiche neue wissenschaftliche Ausgrabungen und Untersuchungen in Deutschland und England.

In den 1970er-Jahren kam es dann von Großbritannien ausgehend zu einer regelrechten Explosion der „Roman Military Equipment Studies", was gleichzeitig den Anfang der römischen Reenactment- und Living-History-Bewegung begründete. 1975 wurde Henry Russel Robinsons „The Armour of Imperial Rome" mit Illustrationen von Peter Connolly veröffentlicht. Diese wissenschaftlich fundierte Publikation entwickelte sich rasch zu einem Grundlagenwerk für Römergruppen und experimentelle Archäologen. Die 1972 gegründete Ermine Street Guard, die älteste der römischen Reenactor-Gruppen, orientierte sich an der Legionsinfanterie der Mitte und zweiten Hälfte des 1. Jh. n. Chr. und galt als Vorbild für viele deutsche Gruppen in den folgenden Jahrzehnten (Abb. 4). Die Fokussierung auf die flavische Zeit führte jedoch zu einem etwas stereotypen Erscheinungsbild der Gruppen mit einem „Standardlegionär" in roter Tunika mit Sandalen, Schienenpanzer, Weisenau-Helm, einem Kurzschwert vom Typ

5 Ausrüstung eines römischen Soldaten des 3. Jh. n. Chr. Rekonstruktion. A. Zimmermann, VEX.LEG.VIII.AUG.

„Pompeii", Dolch und Pilum. Ungeachtet der realen Größe der Gruppen gehörten ein Zenturio mit quergestelltem Helmbusch, ein *signifer* mit Feldzeichen und ein *cornicen* mit Signalhorn zum Erscheinungsbild.

Dies änderte sich im Laufe der 1980er- bis 1990er-Jahre durch die Arbeiten von Marcus Junkelmann. Seine Projekte, in denen er wissenschaftliche Untersuchungen mit Reeanactment- und Living-History-Elementen verband, prägten die weitere Entwicklung maßgeblich. Er gründete zum einen anlässlich der 2000-Jahrfeier der Stadt Augsburg 1985 die frühaugusteisch ausgerüstete *legio XXI Rapax* und marschierte mit ihr in einem archäologischen Experiment über die Alpen von Verona nach Augsburg. Zum anderen entstand unter seiner Leitung, unterstützt durch das Württembergische Landesmuseum und die Stadt Aalen, die Reitergruppe der *ala II Flavia*, die in römischer Zeit in Aalen stationiert war. Über viele Jahre wurden zur römischen Reiterei zahlreiche archäologische Experimente und Reeanactment-Aktionen durchgeführt und in mehrbändigen Publikationen einer breiten Öffentlichkeit vorgelegt. Besonders zu erwähnen sind dabei sein „Limesritt" 1988 und seine Arbeiten zu den Paraderüstungen in den 1990er-Jahren (Abb. 6).

In seiner Tradition arbeitet seit den 1990er-Jahren auch die Gruppe der *legio VIII Augusta* um Alexander Zimmermann. Besonders hervorzuheben sind hier das „Generationes-Projekt", in dem die Gruppe den Wandel der römischen Ausrüstung und Bewaffnung von 50 v. bis 400 n. Chr. rekonstruiert hat, sowie deren Zusammenarbeit mit Archäologen bei der Rekonstruktion spezieller Waffenfunde, wie z. B. der *manubalista* aus Xanten im Jahr 2009 (Abb. 5).

Ebenfalls seit den 1990er-Jahren rücken neben dem Militär auch Darstellungen und Experimente zu zivilen Themen in den Vordergrund. Neben dem klassischen Thema der römischen Kleidung (Abb. 7) stehen die vielfältigen Handwerkstechniken, die medizinische Versorgung oder Musikvorführungen auf dem Programm. Wie beim Militär bilden bildliche und archäologische Quellen die Grundlage der Präsentationen in Museen und auf Römerfesten, wobei im Laufe der Jahre eine zunehmende Professionalisierung der Gruppen und Akteure zu beobachten ist.

## Der Limes als Kulisse

Entlang des UNESCO-Welterbes Limes stellen die Aktivitäten in den Bereichen von Reeanactment und Living History heute einen unverzichtbaren Teil der Vermittlungsarbeit dar und können auch wichtige Beiträge zu wissenschaftlichen Forschungsfragen geben.

Der Limes als militärische Kontrolllinie und Schnittstelle zwischen dem römischen und germanischen Kulturkreis mit seinen verschiedenen militärischen wie zivilen Komponenten bietet dafür ein breites Themenfeld. Die erhaltenen bzw. rekonstruierten Kastelle und Limeswachttürme liefern als historische Orte einen authentischen Rahmen, der den Besuchern einen leichten Einstieg in das jeweilige Thema der Aktionen ermöglicht, sei es nun die nachgestellte Turmwache oder eine Nachtpatrouille in rekonstruierter Ausrüstung. Das aktive Miterleben fördert so das Verständnis historischer Phänomene und Zusammenhänge.

Der Limes wird aber nicht nur für die darstellerische Belebung der einzelnen, rekonstruierten Örtlichkeiten genutzt, sondern auch für die Inszenierung von historischen Ereignissen. So nahm sich 2013 die Gruppe Numerus Brittonum, die eine Auxiliareinheit des 3. Jh. n. Chr. darstellt, vor, den Germanenfeldzug des Kaisers Caracalla des Jahres 213 n. Chr. nachzustellen (Abb. 8). Das Projekt wurde anlässlich des 1800-jährigen Jubiläums des Feldzuges durchgeführt. Dabei wurde eine

6 Reitersoldaten in Paraderüstungen der Gruppe um Marcus Junkelmann.

wissenschaftlich rekonstruierte Feldzugsstrecke zwischen Aalen und Osterburken über insgesamt 140 km zu Fuß und zu Pferd in authentischer Ausrüstung des 3. Jh. n. Chr. zurückgelegt. Die Aktion verfolgte auf der einen Seite einen experimentellen Ansatz im Hinblick auf die Erprobung des rekonstruierten Materials wie auch der Belastbarkeit des modernen Menschen.

Auf der anderen Seite sollte der nachgestellte Feldzug eine überregionale breite Öffentlichkeit erreichen. Die Gruppe bot unterwegs Mitmachaktionen für Interessierte vor Ort an und gab Informationen über den Limes, den Wandel der mitteleuropäischen Kulturlandschaft sowie über das römische Militär. Diejenigen, die nicht in der Nähe wohnten, konnten den Feldzug online mithilfe eines Blogs mitverfolgen, in dem die täglichen Erfahrungen und Ergebnisse nachzulesen waren.

Die vielfältigen Projekte und Aktionen in den Bereichen Reeanactment und Living History haben sich in den letzten Jahrzehnten zu einem wichtigen Element der archäologischen Forschung und Vermittlung entwickelt. Davon profitieren auch die Museen am Limes und erfüllen somit den Wunsch vieler Besucher nach Erlebnis und lebendiger Geschichte jenseits eines oft als theoriebelastet und spröde empfundenen Bildungsangebotes (Abb. 9). Die Einbindung von authentischen Römergruppen kann die Vermittlungsarbeit entscheidend bereichern und fördern. Unverzichtbar bleibt jedoch der gemeinsame Anspruch einer qualitativ möglichst hochwertigen Vermittlung auf der Basis wissenschaftlicher Forschung und der authentischen Bewahrung der archäologischen Objekte und Denkmäler.

7 **Römisch-keltische Kleidung nach dem Grabstein des Schiffers Blussus und seiner Gattin Menimane aus Mainz.**

## Die Internationalen Römertage im Limesmuseum Aalen

**von Lydia Walter und Ulrich Sauerborn**

Die Internationalen Römertage in Aalen gehören zu Europas größten Römertreffen. Das erste kleinere Römerfest mit Lagerleben im Limesmuseum fand am 2. Oktober 1988 statt. Die erste teilnehmende Gruppe war die *ala II Flavia* unter der Leitung von Marcus Junkelmann, der neben Philipp Filtzinger und Wilfried Stroh als Mitinitiator der Römertage gilt. Bereits ein Jahr später wurde das Fest an zwei Tagen gefeiert. Es stand unter dem Motto „Römer live" und galt somit als erstes größeres Römerfest an einem mitteleuropäischen Römermuseum. Schon Mitte der 1990er-Jahre vervielfachten sich die Besucher, und es kamen schließlich rund 10000 Menschen. Auch die Medien zeigten reges Interesse, sodass 1994 acht Fernsehsender über die Aalener Römertage berichteten. 1996 wurde schließlich die Entscheidung getroffen, die Römertage regelmäßig alle zwei Jahre immer am letzten Septemberwochenende zu veranstalten (Abb. 10).

8 Nachgestellter Feldzug des Caracalla 2013 durch die Gruppe Numerus Brittonum.

9 Römisches Katapultgeschütz der I. Römercohorte Opladen.

Das Fest findet im Bereich des Archäologischen Parks des Limesmuseums statt, auf dem einst das größte Reiterkastell nördlich der Alpen stand, in dem 1000 römische Soldaten stationiert waren. Das zu bespielende Festgelände hat eine Gesamtfläche von 20000 $m^2$, wobei das Limesmuseum die Basis der Veranstaltung bildet. So finden nicht nur auf dem Kastellgelände Vorführungen und Lagerleben statt, auch das Areal vor und innerhalb des Museums wird genutzt. Organisiert werden die Römertage vom Limesmuseum und der Stadt Aalen. Der reibungslose Ablauf ist dabei auch der Zusammenarbeit mit den örtlichen Vereinen und Schulen zu verdanken. Etwa 200 Personen aus Aalen und der näheren Umgebung, darunter viele Freiwillige und Ehrenamtliche örtlicher Vereine, kümmern sich um die Infrastruktur, wie Organisation, Kassenbetrieb, Catering, Auf- und Abbau, Verkehrsorganisation und Plakatierung.

Ungefähr 50 Römergruppen mit insgesamt mehr als 300 Teilnehmern aus sechs bis acht europäischen

10 Römertage im Bereich des Archäologischen Parks des Limesmuseums Aalen.

Ländern – Deutschland, Österreich, Ungarn, die Niederlande, Großbritannien, Ukraine, Italien und die Schweiz – nehmen derzeit an den Römertagen teil. In den letzten Jahren wurden auch Kelten- und Alamannengruppen integriert, sodass heute eine Zeitspanne von der späten Eisenzeit über die römische Kaiserzeit bis zur Spätantike und zum Frühmittelalter gezeigt wird, wobei der Schwerpunkt auf der römischen Kaiserzeit vom 1. bis 3. Jh. n. Chr. liegt.

Eine wichtige Voraussetzung für die Teilnahme der Gruppen ist Qualität und Authentizität in ihrer Darstellung und Vermittlung. Das inhaltliche Spektrum der präsentierten Themen umfasst dabei sowohl militärische als auch zivile Bereiche, sodass das römische Leben in den Grenzprovinzen am Limes in seiner Gesamtheit dem Besucher nahegebracht wird. Dazu gehören Paraden, Aufmärsche und Exerzierübungen römischer Fußsoldaten und Reiterei, die Vorführung römischer Belagerungs- und Kampfmaschinen und Gladiatorenkämpfe. Daneben findet man aber auch ein Handwerkerdorf, römische Musiker und mehrere *tabernae*, in denen römisches Essen angeboten wird. Innerhalb des Museums kann man an Führungen zu den Dauer- und Sonderausstellungen teilnehmen sowie Film- und Videovorführungen anschauen. An zahlreichen museumspädagogischen Stationen werden die Besucher, Kinder wie Erwachsene, dazu eingeladen, selbst aktiv zu werden, Dinge auszuprobieren und in die Welt der Römer einzutauchen. Die museumspädagogischen Mitmachprogramme sowie die durch die internationalen Gruppen durchgeführten Reeanactment- und Living-History-Angebote ergänzen sich dabei in idealer Weise, um den Besuchern verschiedener Alters- und Bildungsgruppen Geschichte näherzubringen und ihr Interesse zu wecken.

Die Internationalen Römertage haben sich dabei über die Jahre auch zu einem wichtigen Forum entwickelt, auf dem die Teilnehmer und Akteure aus verschiedenen Ländern Erfahrungen und Meinungen austauschen. Sie fördern dadurch die Zusammenarbeit zwischen den aktiven Römergruppen, Museumspädagogen und Wissenschaftlern.

# Anhang

## Literatur


### Der Limes – Allgemein

D. Baatz, Der römische Limes. Archäologische Ausflüge zwischen Rhein und Donau (4. Auflage, Berlin 2000).

Th. Becker, Limes und Naturwissenschaften – Stand und Perspektiven zur interdisziplinären Erforschung der römischen Reichsgrenze. In: 5. Kolloquium der Deutschen Limeskommission, 19./20. Mai 2009 im Römisch-Germanischen Museum der Stadt Köln. Beiträge zum Welterbe Limes 5 (Stuttgart 2010) 132–155.

K. Dietz, Limes IV. Raetia. Der Neue Pauly 7 (Stuttgart, Weimar 1999) 204–207.

E. Fabricius/F. Hettner/O. v. Sarwey, Der obergermanisch-raetische Limes des Römerreiches. Abteilung A: Die Strecken; Abteilung B: Die Kastelle (1894–1937).

Th. Fischer/E. Riedmeier-Fischer, Der römische Limes in Bayern. Geschichte und Schauplätze entlang des UNESCO-Welterbes (Regensburg 2008).

P. Henrich (Hrsg.), Perspektiven der Limesforschung. 5. Kolloquium der Deutschen Limeskommission, 19./20. Mai 2009 im Römisch-Germanischen Museum der Stadt Köln. Beiträge zum Welterbe Limes 5 (Stuttgart 2010).

P. Henrich (Hrsg.), Der Limes vom Niederrhein bis an die Donau. 6. Kolloquium der Deutschen Limeskommission, 15./16. März 2011 in Mainz. Beiträge zum Welterbe Limes 6 (Stuttgart 2012).

M. Kemkes/J. Scheuerbrandt/N. Willburger, Am Rande des Imperiums. Der Limes – Grenze Roms zu den Barbaren (Stuttgart 2002).

Der Limes. Nachrichtenblatt der Deutschen Limeskommission (Hrsg. Deutsche Limeskommission), ab Jahrgang 1, 2007.

B. Rabold/E. Schallmayer/A. Thiel, Der Limes. Die Deutsche Limes-Straße vom Rhein bis zur Donau (Stuttgart 2000).

E. Schallmayer/M. Becker, Limes. In: Reallexikon der Germanischen Altertumskunde 18 (Berlin 2001) 403–442.

E. Schallmayer (Hrsg.), Limes Imperii Romani. Beiträge zum Fachkolloquium „Weltkulturerbe Limes" November 2001 in Lich-Arnsburg. Saalburg-Schriften 6 (Bad Homburg 2004).

E. Schallmayer, Der Limes. Geschichte einer Grenze (München 2006).

E. Schallmayer (Hrsg.) Der Odenwaldlimes. Neueste Forschungsergebnisse. Beiträge zum wissenschaftlichen Kolloquium am 19. März 2010 in Michelstadt. Saalburg-Schriften 8 (Bad Homburg 2012) 37–48.

H. Schönberger, Die römischen Truppenlager der frühen und mittleren Kaiserzeit zwischen Nordsee und Inn. Berichte der Römisch-Germanischen Kommission 66, 1985, 321–497.

S. v. Schnurbein, Perspektiven der Limesforschung. In: Der römische Limes in Deutschland. Archäologie in Deutschland – Sonderheft (Stuttgart 1992) 71–88.

B. Steidl, Welterbe Limes. Roms Grenze am Main (Obernburg 2008).

A. Thiel (Hrsg.), Der Limes als UNESCO-Welterbe. Beiträge zum Welterbe Limes 1 (Stuttgart 2008).

A. Thiel (Hrsg.), Forschungen zur Funktion des Limes. 3. Fachkolloquium der Deutschen Limeskommission, 17./18. Februar 2005 in Weißenburg. Beiträge zum Welterbe Limes 2 (Stuttgart 2007).

A. Thiel (Hrsg.), Neue Forschungen am Limes. 4. Fachkolloquium der Deutschen Limeskommission, 27./28. Februar 2007 in Osterburken. Beiträge zum Welterbe Limes 3 (Stuttgart 2008).

R. Wiegels, Limes. III. Germania. Der Neue Pauly 7 (Stuttgart, Weimar 1999) 200–203.

### Der Limes – Ein Forschungsprojekt

#### Wortbedeutung und Funktion

K. Dietz, Roms Grenzen und der Limes. In: W. Czysz/K. Dietz/Th. Fischer/H.-J. Kellner, Die Römer in Bayern (Stuttgart 1995) 108–111.

B. B. Isaac, The Meaning of the Terms Limes and Limitanei. The Journal of Roman Studies 78, 1988, 125–147.

M. Kemkes, Grenzen sind menschlich – oder: Hinter der Mauer das Paradies? Archäologie in Deutschland 3, 2011, 18–21.

A. Nunn (Hrsg.), Mauern als Grenzen (Mainz 2009).

J. Osterhammel, Kulturelle Grenzen in der Expansion Europas. In: J. Osterhammel, Geschichtswissenschaft jenseits des Nationalstaats. Studien zu Beziehungsgeschichte und Zivilisationsvergleich (Göttingen 2001) 203–239.

M. Pfaffenbichler, Grenzen im historischen Kontext. In: Grenzen des Imperiums. Zaberns Bildbände zur Archäologie (Mainz 2006) 7–13.

E. Schallmayer/M. Becker, Limes. In: Reallexikon der Germanischen Altertumskunde 18 (Berlin 2001) 403–405.

## Historische Entwicklung

G. Alföldy, Die lineare Grenzziehung des vorderen Limes in Obergermanien und die Statthalterschaft des Gaius Popilius Carus Pedo. In: E. Schallmayer (Hrsg.), Limes Imperii Romani. Beiträge zum Fachkolloquium „Weltkulturerbe Limes" November 2001 in Lich-Arnsburg. Saalburg-Schriften 6 (Bad Homburg 2004) 7–20.

L. Bakker, Raetien unter Postumus – Das Siegesdenkmal einer Juthungenschlacht im Jahre 260 n. Chr. aus Augsburg. Germania 71, 1993, 369–386.

S. Bender, Wo endet der Odenwaldlimes am Neckar? In: E. Schallmayer (Hrsg.) Der Odenwaldlimes. Neueste Forschungsergebnisse. Beiträge zum wissenschaftlichen Kolloquium am 19. März 2010 in Michelstadt. Saalburg-Schriften 8 (Bad Homburg 2012) 37–48.

Caracalla, Kaiser Tyrann Feldherr, (Hrsg. Archäologisches Landesmuseum Baden-Württemberg), Zaberns Bildbände zur Archäologie (Mainz 2013).

W. Czysz, Neue Dendrodaten von der Limespalisade in Raetien. In: A. Thiel (Hrsg.), Neue Forschungen am Limes. 4. Fachkolloquium der Deutschen Limeskommission, 27./28. Februar 2007 in Osterburken. Beiträge zum Welterbe Limes 3 (Stuttgart 2008) 183–195.

M. Kemkes, Vom Rhein an den Limes und wieder zurück. Die Besetzungsgeschichte Südwestdeutschlands. In: Imperium Romanum. Roms Provinzen an Neckar, Rhein und Donau. Hrsg. Archäologisches Landesmuseum Baden-Württemberg (Esslingen 2005) 44–53.

K. Kortüm, Zur Datierung der römischen Militäranlagen im obergermanisch-rätischen Grenzgebiet. Saalburg-Jahrbuch 49, 1998, 5–65.

K. Kortüm, Die Umgestaltung der Grenzsicherung in Obergermanien unter Traian. In: E. Schallmayer (Hrsg.), Traian in Germanien, Traian im Reich. Saalburg-Schriften 5 (Bad Homburg 1999) 195–205.

H.-P. Kuhnen (Hrsg.), Gestürmt-Geräumt-Vergessen? Der Limesfall und das Ende der Römerherrschaft in Südwestdeutschland. Ausstellungskatalog Limesmuseum Aalen (Stuttgart 1992).

H. U. Nuber, Das Ende des obergermanisch-raetischen Limes – eine Forschungsaufgabe. In: H. U. Nuber/K. Schmid/H. Steuer, Th. Zotz (Hrsg.), Archäologie und Geschichte. Freiburger Forschungen zum ersten Jahrtausend in Südwestdeutschland 1 (Sigmaringen 1990) 51–68.

H. U. Nuber, Staatskrise im 3. Jahrhundert. Die Aufgabe der rechtsrheinischen Gebiete. In: Imperium Romanum. Roms Provinzen an Neckar, Rhein und Donau. Hrsg. Archäologisches Landesmuseum Baden-Württemberg (Esslingen 2005) 442–451.

H. Pöppelmann/K. Deppmeyer/W.-D. Steinmetz (Hrsg.), Roms vergessener Feldzug. Die Schlacht am Harzhorn (Darmstadt 2013).

M. Reuter, Das Ende des raetischen Limes im Jahr 254 n. Chr. Bayerische Vorgeschichtsblätter 72, 2007, 77–149.

E. Schallmayer, Zur Frage der Palisade am Obergermanisch-Raetischen Limes im 3. Jahrhundert n. Chr. In: Z. Visy (Hrsg.), LIMES XIX. Proceedings oft he XIXth International Congress of Roman Frontier Studies held in Pécs, Hungary, September 2003 (Pécs 2005) 801–813.

C. S. Sommer, Zur Datierung des Raetischen Limes. In: P. Henrich (Hrsg.), Der Limes vom Niederrhein bis an die Donau. 6. Kolloquium der Deutschen Limeskommission, 15./16. März 2011 in Mainz. Beiträge zum Welterbe Limes 6 (Stuttgart 2012) 137–147.

## Grenzsperren, Wachttürme, Kleinkastelle

D. Baatz, Zur Funktion der Kleinkastelle am Obergermanisch-Raetischen Limes. In: A. Thiel (Hrsg.), Neue Forschungen am Limes. 4. Fachkolloquium der Deutschen Limeskommission, 27./28. Februar 2007 in Osterburken. Beiträge zum Welterbe Limes 3 (Stuttgart 2008) 9–25.

Th. Becker, Archäozoologische Untersuchungen an Tierknochenfunden von Wachttürmen und Kleinkastellen am Limes. In: P. Henrich (Hrsg.), Der Limes vom Niederrhein bis an die Donau. 6. Kolloquium der Deutschen Limeskommission, 15./16. März 2011 in Mainz. Beiträge zum Welterbe Limes 6 (Stuttgart 2012) 157–175.

St. Bender, Die Doppelpalisade am Limes im Vorfeld des Kastells Arnsburg. In: E. Schallmayer (Hrsg.), Limes Imperii Romani. Beiträge zum Fachkolloquium „Weltkulturerbe Limes" November 2001 in Lich-Arnsburg. Saalburg-Schriften 6 (Bad Homburg 2004) 47–54.

Ch. Fleer, Typisierung und Funktion der Kleinbauten am Limes. In: E. Schallmayer (Hrsg.), Limes Imperii Romani. Beiträge zum Fachkolloquium „Weltkulturerbe Limes" November 2001 in Lich-Arnsburg. Saalburg-Schriften 6 (Bad Homburg 2004) 75–92.

Ch. Fleer, Das Kastell Haselburg, Gemeinde Reinhardsachsen, Neckar-Odenwald-Kreis. Materialhefte zur Archäologie in Baden-Württemberg 92 (Stuttgart 2011).

D. Planck, Ein bisher unbekannter römischer Limes im Lautertal bei Dettingen unter Teck, Kreis Esslingen. Fundberichte aus Baden-Württemberg 12, 1987, 405–429.

D. Planck, Zum Limestor von Dalkingen, Gemeinde Rainau, Ostalbkreis. In: P. Henrich (Hrsg.), Der Limes vom Niederrhein bis an die Donau. 6. Kolloquium der Deutschen Limeskommission, 15./16. März 2011 in Mainz. Beiträge zum Welterbe Limes 6 (Stuttgart 2012) 99–107.

E. Schallmayer, Der Limes, Marköbel und Kaiser Hadrian. Denkmalpflege und Kulturgeschichte 2, 2003, 12–21.

E. Schallmayer, Archäologische Ausgrabungen an WP 5/4 „An der alten Rüdigheimer Hohle" bei Ravolzhausen, Gemeinde Neuberg. In: A. Thiel (Hrsg.), Neue Forschungen am Limes. 4. Fachkolloquium der Deutschen Limeskommission, 27./28. Februar 2007 in Osterburken. Beiträge zum Welterbe Limes 3 (Stuttgart 2008) 57–81.

## Kastelle und Truppen

J. Fassbinder, Neue Ergebnisse der geophysikalischen Prospektion am obergermanisch-raetischen Limes. In: A. Thiel (Hrsg.), Neue Forschungen am Limes. 4. Fachkolloquium der Deutschen Limeskommission, 27./28. Februar 2007 in Osterburken. Beiträge zum Welterbe Limes 3 (Stuttgart 2008) 154–171.

J. Fassbinder, Von Eining bis Ruffenhofern: Auf dem Weg zu einem Magnetogramm-Atlas der raetischen Limeskastelle – Ergebnisse der geophysikalischen Prospektion in Bayern. In: 5. Kolloquium der Deutschen Limeskommission, 19./20. Mai 2009 im Römisch-Germanischen Museum der Stadt Köln. Beiträge zum Welterbe Limes 5 (Stuttgart 2010) 88–103.

M. Kemkes, Globaler Einsatz im Auftrag des Adlers. Die Mobilität der römischen Legionen. In: D. Schmitz/M. Sieler (Hrsg.), Überall zu Hause und doch fremd. Römer unterwegs (Xanten 2013) 56–67.

B. Oldenstein-Pferdehirt, Die Geschichte der Legio VIII Augusta. Jahrbuch des Römisch-Germanischen Zentralmuseums Mainz 31, 1984, 397–433.

M. Reuter, Studien zu den numeri des Römischen Heeres in der Mittleren Kaiserzeit. Bericht der Römisch-Germanischen Kommission 80, 1999, 357–569.

J. Spaul, ala². The auxiliary cavalry units oft he pre-diocletianic Imperial Roman Army (Andover 1994).

J. Spaul, cohors². The evidence for and a short history of the auxiliary infantry units of the Imperial Roman Army. BAR International Studies 841 (Oxford 2002).

H. Wolff, Das Heer Raetiens und seine Militärdiplome im 2. Jahrhundert n. Chr. Bayerische Vorgeschichtsblätter 65, 2000, 155–172.

## Einzelne Kastelle

*Aalen:* G. Alföldy, Die Inschriften aus den Principia des Alenkastells Aalen. Fundberichte aus Baden-Württemberg 14, 1989, 293–338. – M. Kemkes/M. Scholz, Das Römerkastell Aalen, UNESCO-Welterbe. Die Limesreihe-Schriften des Limesmuseums Aalen 58 (Stuttgart 2012).

*Altenstadt:* H. Schönberger/H.-G. Simon, Die Kastelle in Altenstadt. Limesforschungen 22 (Berlin 1983).

*Arnsburg:* H.-M. v. Kaenel/C. Wenzel, Arnsburg „Alteburg": Kastell und Vicus mit monumentalem Zentrum und Umwehrung. In: P. Henrich (Hrsg.), Perspektiven der Limesforschung. 5. Kolloquium der Deutschen Limeskommission, 19./20. Mai 2009 im Römisch-Germanischen Museum der Stadt Köln. Beiträge zum Welterbe Limes 5 (Stuttgart 2010) 104–121.

*Eining:* M. Gschwind, Abusina. Das römische Auxiliarkastell Eining an der Donau vom 1. bis 5. Jahrhundert n. Chr. Münchner Beiträge zur Vor- u. Frühgeschichte 53 (München 2004).

*Ellingen:* W. Zanier, Das römische Kastell Ellingen. Limesforschungen 23 (Mainz 1992).

*Heidenheim:* M. Scholz, Das Reiterkastell Aquileia/Heidenheim. Die Ergebnisse der Ausgrabungen 2000–2004. Forschungen und Berichte zur Vor- und Frühgeschichte in Baden-Württemberg 110 (Stuttgart 2009).

*Heldenbergen:* W. Czysz, Heldenbergen in der Wetterau: Feldlager, Kastell, Vicus. Limesforschung 27 (Mainz 2003).

*Hesselbach:* D. Baatz, Kastell Hesselbach und andere Forschungen am Odenwaldlimes. Limesforschungen 12 (Berlin 1973).

*Jagsthausen:* A. Thiel, Das römische Jagsthausen. Kastell, Vicus und Siedelstellen des Umlandes. Materialhefte zur Archäologie in Baden-Württemberg 72 (Stuttgart 2005).

*Kapersburg:* M. Scholz, Keramik und Geschichte des Limeskastells Kapersburg. Eine Bestandsaufnahme. Saalburg Jahrbuch 52/53, 2002/2003, 9–282.

*Künzing:* H. Schönberger, Kastell Künzing-Quintana. Die Grabungen von 1958 bis 1966. Limesforschungen 13 (Berlin 1975).

*Niederbieber:* A. Heising, Perspektiven der Limesforschung am Beispiel des Kastells Niederbieber. In: P. Henrich (Hrsg.), Perspektiven der Limesforschung. 5. Kolloquium der Deutschen Limeskommission, 19./20. Mai 2009 im Römisch-Germanischen Museum der Stadt Köln. Beiträge zum Welterbe Limes 5 (Stuttgart 2010) 57–71.

*Regensburg-Kumpfmühl:* A. Faber, Das römische Auxiliarkastell und der Vicus von Regensburg-Kumpfmühl (München 1994). – St. Sandbichler, Auxiliarkastell Regensburg-Kumpfmühl. Bayerische Vorgeschichtsblätter 74, 2009, 39–130.

*Ruffenhofen:* M. Pausch (Hrsg.), Römisches Ruffenhofen. Entdeckungen am Welterbe Limes (Augsburg 2009).

*Saalburg:* E. Schallmayer (Hrsg.), Hundert Jahre Saalburg. Vom römischen Grenzposten zum europäischen Museum (Mainz 1997).

*Walheim:* K. Kortüm/J. Lauber, Walheim I. Forschungen und Berichte zur Vor- und Frühgeschichte in Baden-Württemberg 95 (Stuttgart 2004).

*Weißenburg:* E. Grönke, Das Römische Alenkastell Biricianae in Weißenburg in Bayern. Die Grabungen von 1890 bis 1990. Limesforschungen 25 (Mainz 1997).

*Welzheim:* K. Kortüm, Das Welzheimer Alenlager. Vorbericht zu den Grabungen im Westkastell 2005/2006. In: A. Thiel (Hrsg.), Neue Forschungen am Limes. 4. Fachkolloquium der Deutschen Limeskommission, 27./28. Februar 2007 in Osterburken. Beiträge zum Welterbe Limes 3 (Stuttgart 2008) 123–139.

### Kastelldörfer, Rekruten und Veteranen

W. Czysz, Neue Untersuchungen in den Karpfenteichen beim Kastell Dambach. In: P. Henrich (Hrsg.), Perspektiven der Limesforschung. 5. Kolloquium der Deutschen Limeskommission, 19./20. Mai 2009 im Römisch-Germanischen Museum der Stadt Köln. Beiträge zum Welterbe Limes 5 (Stuttgart 2010) 72–87.

W. Eck/A. Pangerl, Beobachtungen zu den diplomata militaria für die Provinz Germania Inferior. Kölner Jahrbuch 43, 2010, 181–195.

Th. Fischer, Zum Einfluß des Militärs auf die zivile Besiedlung in den Nordwestprovinzen des römischen Reiches. In: H. v. Hesberg (Hrsg.), Das Militär als Kulturträger in römischer Zeit (Köln 1999) 67–74.

B. A. Greiner: Rainau-Buch II. Der römische Kastellvicus von Rainau-Buch (Ostalbkreis). Die archäologischen Ausgrabungen von 1976 bis 1979. Forschungen und Berichte zur Vor- und Frühgeschichte in Baden-Württemberg 106 (Stuttgart 2008/2010).

N. Lambert/J. Scheuerbrandt, Das Militärdiplom, Quelle zur römischen Armee und zum Urkundenwesen. Schriften des Limesmuseums Aalen 55 (Stuttgart 2002).

C. Mischka/C. Moneta, Neue geomagnetische Prospektionen in den Kastellvici des Raetischen Limes. In: P. Henrich (Hrsg.), Der Limes vom Niederrhein bis an die Donau. 6. Kolloquium der Deutschen Limeskommission, 15./16. März 2011 in Mainz. Beiträge zum Welterbe Limes 6 (Stuttgart 2012) 123–135.

B. Pferdehirt, Die Rolle des Militärs für den sozialen Aufstieg in der römischen Kaiserzeit (Mainz 2002).

St. Pfahl/M. Reuter, Waffen aus römischen Einzelsiedlungen rechts des Rheins. Ein Beitrag zum Verhältnis von Militär und Zivilbevölkerung im Limeshinterland. Germania 74, 1996, 119–167.

G. Seitz: Rainau Buch I. Steinbauten im römischen Kastellvicus von Rainau-Buch (Ostalbkreis). Forschungen und Berichte zur Vor- und Frühgeschichte in Baden-Württemberg 57 (Stuttgart 1999).

C. S. Sommer, Kastellvicus und Kastell. Fundberichte aus Baden-Württemberg 13, 1988, 457–707.

### Limes und Germanen

A. Abegg/D. Walter/S. Biegert, Die Germanen und der Limes. Ausgrabungen im Vorfeld des Wetterau-Limes im Raum Wetzlar-Gießen. Römisch-Germanische Forschungen 67 (Mainz 2011).

M. Reuter, Grenzschutz durch Geld – Subsidien als Instrument römischer Sicherheitspolitik. In: A. Thiel (Hrsg.), Neue Forschungen am Limes. 4. Fachkolloquium der Deutschen Limeskommission, 27./28. Februar 2007 in Osterburken. Beiträge zum Welterbe Limes 3 (Stuttgart 2008) 27–33.

S. v. Schnurbein, Germanen und Römer im Vorfeld des Obergermanischen Limes. Bericht der Römisch-Germanischen Kommission 87, 2006, 19–40.

S. v. Schnurbein, Der Limes als Filter. In: Z. Visy (Hrsg.), LIMES XIX. Proceedings oft he XIXth International Congress of Roman Frontier Studies held in Pécs, Hungary September 2003 (Pécs 2005) 57–61.

B. Steidl, Die Wetterau vom 3. bis 5. Jahrhundert n. Chr. Materialien zur Vor- und Frühgeschichte von Hessen 25 (Wiesbaden 2000).

B. Steidl, Der Blick über den „Zaun": Die Germanen im Vorfeld des Limes. Freunde – Feinde – Ignoranten? In: A. Thiel (Hrsg.), Neue Forschungen am Limes. 4. Fachkolloquium der Deutschen Limeskommission, 27./28. Februar 2007 in Osterburken. Beiträge zum Welterbe Limes 3 (Stuttgart 2008) 35–47.

D. Walter, Germanische Keramik zwischen Main und Taunuslimes. Untersuchungen zu rheinwesergermanischen Gefäßen in römischen Siedlungen des Rhein-Main-Gebietes. Freiburger Beiträge zur Archäologie und Geschichte des 1. Jahrtausends 3 (Rahden 2000).

## Der Limes – Ein Bodendenkmal als Vermittlungsobjekt

D. J. Breeze/S. Jilek (Hrsg.), Frontiers of the Roman Empire. The European Dimension of World Heritage Site (Edinburgh 2008) 129–186.

Th. Fischer, Bemerkungen zur Bauweise und Rekonstruktion von steinernen Wachttürmen am Obergermanisch-Raetischen Limes. In: P. Henrich (Hrsg.), Der Limes vom Niederrhein bis an die Donau. 6. Kolloquium der Deutschen Limeskommission, 15./16. März 2011 in Mainz. Beiträge zum Welterbe Limes 6 (Stuttgart 2012) 149–154.

Ch. Flügel/J. Obmann, Römische Wehrbauten, Befund und Rekonstruktion. Kolloquiumsband excelsae turres quater divisae, 5. Juli 2010 München. Schriftenreihe des Bayerischen Landesamtes für Denkmalpflege 7 (München 2013).

P. Henrich (Hrsg.), Visualisierung von Bodendenkmälern. Vorschläge und Diskussionen am Beispiel des Obergermanisch-Raetischen Limes. Beiträge zum Welterbe Limes 7 (Stuttgart 2013).

M. Kemkes, Der Limes als Vermittlungsaufgabe. In: A. Thiel (Hrsg.), Der Limes als UNESCO-Welterbe. Beiträge zum Welterbe Limes 1 (Stuttgart 2008) 54–67.

N. Mills, Presenting the Romans. Interpreting the Frontiers of the Roman Empire World Heritage Site (Woodbridge 2013).

J. Obmann, Limesentwicklungsplan Baden-Württemberg. Schutz, Erschließung und Erforschung des Welterbes. Hrsg. vom Landesamt für Denkmalpflege im Regierungspräsidium Stuttgart (Esslingen 2007).

Deutsche Limeskommission (Hrsg.), Management-Plan 2010–2015. UNESCO-Welterbe „Grenzen des Römischen Reiches: Obergermanisch-Raetischer Limes". Beiträge zum Welterbe Limes, Sonderband 1 (Bad Homburg 2010).


## Der Limes und Museumspädagogik

M. Baumgärtner/St. Felger, Der Verband der Limes-Cicerones. In: A. Thiel (Hrsg.), Der Limes als UNESCO-Welterbe. Beiträge zum Welterbe Limes 1 (Stuttgart 2008) 80–89.

Ph. Filtzinger, Limesmuseum Aalen. Kleine Schriften zur Kenntnis der römischen Besetzungsgeschichte Südwestdeutschlands 7 (Stuttgart 1975).

Chr. Flügel, Welterbe Limes im Museum. In: A. Thiel (Hrsg.), Der Limes als UNESCO-Welterbe. Beiträge zum Welterbe Limes 1 (Stuttgart 2008) 68–79.

H. Hilger, „denkmal aktiv" – Ansätze einer Denkmalpädagogik. In: Neue Wege der Museumspädagogik. Publikation zu einer internationalen Fachtagung des Arbeitskreises selbstständiger Kultur-Institute e.V. Fachtagung am 25./26. April 2002 (Bonn 2003) 113–120.

M. Kemkes, Der Limes als Vermittlungsaufgabe. In: A. Thiel (Hrsg.), Der Limes als UNESCO-Welterbe. Beiträge zum Welterbe Limes 1 (Stuttgart 2008) 54–67.

I.-M. Kolb, Römisches Nachspiel. Die Römer in Baden-Württemberg: Strategien musealer Vermittlung (Marburg 2008).

H. Kunz-Ott (Hrsg.), Museum und Schule – Wege zu einer erfolgreichen Partnerschaft, Landesstelle für die nichtstaatlichen Museen in Bayern (München, Berlin 2005).

J. Schwartz/W. Wudy, Römer selbst erleben! Kleidung, Spiel und Speisen – selbst gemacht und ausprobiert (Stuttgart 2010).

Ch. Siegel, Medienpädagogik – Museumspädagogik. In: Museum Aktuell 72 (München 2001) 2981–2988.

E. Spickernagel/B. Walbe (Hrsg.), Das Museum. Lernort kontra Museumstempel (Gießen 1976).

R. Tewes-Eck/E. Dunkel, Lernerlebnis, entdecken, handeln, verstehen – Römische Antike (Paderborn 2000).

W. Zacharias, Schule ist nicht alles. Das Museum offener Lern- und Erlebnisraum und Teil eines kulturpädagogischen Netzwerks. In: Neue Wege der Museumspädagogik. Publikation zu einer internationalen Fachtagung des Arbeitskreises selbstständiger Kultur-Institute e.V. Fachtagung am 25./26. April 2002 (Bonn 2003) 29–49.


## Der Limes – Reenactment und Living History: Neue Methoden der Vermittlung

M. C. Bishop, Re-enactment and Living History – Issues about Authenticity. In: N. Mills (Ed.), Presenting the Romans. Interpreting the Frontiers of the Roman Empire World Heritage Site (Woodbridge 2013) 23–30.

U. Brand-Schwarz, „Living History" als Beitrag zur musealen Vermittlung – Möglichkeiten, Grenzen und Risiken. In: Experimentelle Archäologie in Europa, Bilanz 2010 (Oldenburg 2010) 23–26.

J. Carstensen/U. Meiners/R. E. Mohrmann, Living History im Museum. Möglichkeiten und Grenzen einer populären Vermittlungsform (Münster 2008).

H. Duisberg (Hrsg.), Living History in Freilichtmuseen. Neue Wege der Geschichtsvermittlung (Ehestorf 2008).

M. Junkelmann, Die Legionen des Augustus. Der römische Soldat im archäologischen Experiment (Mainz 1986).

M. Junkelmann, Reiter wie Statuen aus Erz (Mainz 1996).

M. Junkelmann, Das Phänomen der zeitgenössischen „Römergruppen". In: I. Jensen/A. Wieczorek, Dino, Zeus und Asterix. Zeitzeuge Archäologie in Werbung, Kunst und Alltag heute. Publikationen der Reiss-Engelhorn-Museen 4 (Mannheim 2004) 73–90.

J. Obmann/D. Wirtz, „Sie muß den Kaiser auf der Saalburg sehen" – Die Feier zur Grundsteinlegung des wiedererrichteten Römerkastells am 11. Oktober 1900. In: E. Schallmayer (Hrsg.), Hundert Jahre Saalburg. Vom römischen Grenzposten zum europäischen Museum (Mainz 1997).

M. Schrader, Rekonstruiertes römisches Militär. Zur Wirkung archäologischer Forschung in der gegenwärtigen Öffentlichkeit. In: A. W. Busch/H.-J. Schalles, Waffen in Aktion. Akten der 16. Internationalen Roman Military Equipment Conference (ROMEC), Xanten, 13.–16. Juni 2007, Xantener Berichte 16 (Mainz 2010) 353–368.

A. Willmy, Experimentelle Archäologie und Living History – ein schwieriges Verhältnis? Gedanken aus der Sicht eines Archäologen und Darstellers. In: Experimentelle Archäologie in Europa, Bilanz 2010 (Oldenburg 2010) 27–30.

### Webseiten zum Thema Reenactment und Living History

http://www.erminestreetguard.co.uk, aufgesucht am 10. Januar 2014.

http://www.frasdorf.org, (Hompage der Gruppe VEX LEG VIII AVG und des Projektes GENERATIONES), aufgesucht am 25. Januar 2014.

http://www.numerus-brittonum.de, aufgesucht am 25. Januar 2014.

http://www.caracallafeldzug.de, aufgesucht am 25. Januar 2014.

## Abbildungsnachweis

A. Zimmermann: 118.

Archäologische Staatssammlung München, M. Eberlein: 36u.

Archäologisches Landesmuseum Baden-Württemberg: 45, 84–85, 90, 91, 105, 108u, 109, 111o, 111u. – M. Hoffmann: 38–41, 43, 48, 49, 56, 57, 67, 68, 73, 87 (Foto). – M. Schreiner: 25o, 42, 46, 54, 75, 79, 120. – P. Schlemper: 52, 53, 70, 72. – Y. Mühleis: 60, 81.

Badisches Landesmuseum Karlsruhe, Th. Goldschmiedt: 44, 47.

Bayerisches Landesamt für Denkmalpflege: 12. – C. S. Sommer: 15, 101ore, 103ure. – H. Becker/J. Fassbinder: 28u.

Bernhard A. Greiner (Umzeichnung und Zeichnung): 87.

C. Mischka, unter Verwendung von Abb. 8, 9 aus J. Fassbinder, Von Eining bis Ruffenhofen: Auf dem Weg zu einem Magnetogramm-Atlas der raetischen Limeskastelle. In: P. Henrich (Hrsg.), Perspektiven der Limesforschung. Beiträge zum Welterbe Limes 5 (Stuttgart 2010) 97: 32.

D. Rothacher, archaeoskop-Freiburg, Vorlage: B. Steidl: 36o.

D. Rothacher, archaeoskop-Freiburg/Archäologisches Landesmuseum Baden-Württemberg: 11, 22ure, 100.

G. Preuss/E. Schallmayer: 20.

GDKE, C. A. Jost: 102oli, 102uli.

hessenArchäologie, Foto O. Braasch, Umzeichnung Th. Becker: 21u.

J. Scheuerbrandt, Römermuseum Osterburken: 25u, 94, 98o, 102ure.

Landesamt für Denkmalpflege Esslingen: 39 (Zeichnung). – Y. Mühleis: 65, 66, 83. – O. Braasch: 97u. – S. Bender: 103oli, 103ore, 103uli. – Regierrungspräsidium Stuttgart: 6, 13, 19, 22o, 22uli, 23, 24o, 24u. – M. Friemelt: 93.

Landesmuseum Württemberg, P. Frankenstein/H. Zwietasch: 1, 35, 50, 51, 55, 58, 59, 61–64, 69, 71, 74, 76, 77, 78, 80, 82, 86, 88, 89, 92.

Limeskastell Pohl/Th. Steffen: 99.

Limesmuseum Aalen, U. Sauerborn: 106, 108o, 110, 112, 116, 117, 121u, 122.

M. Baumgärtner: 98u.

Niederösterreichische Landesregierung – Lichtbildstelle, nach M. Junkelmann, Reiter wie Statuen aus Erz, Zaberns Bildbände zur Archäologie (Mainz a. R. 1996) 15 Abb. 22: 119.

Numerus-Brittonum, www.lebenamlimes.de: 121o.

Römermuseum Osterburken: 115.

Römisches Museum Augsburg: 17.

Saalburgmuseum, Bad Homburg: 7, 37, 97o, 114 (Inv.-Nr. FA040050001). – E. Löhnig: 96.

Nach E. Fabricius/F. Hettner/O. von Sarwey, Der obergermanisch-raetische Limes des Römerreiches. Abteilung A: Die Strecken; Abteilung B: Die Kastelle (1894–1937): 18, 21o, 101uli, 101ure.

Nach D. Baatz/F.-R. Herrmann, Die Römer in Hessen (Stuttgart 1982) 349: 29o.

Nach G. Seitz, Rainau-Buch I. Steinbauten im römischen Kastellvicus von Rainau-Buch (Ostalbkreis). Forsch. u. Ber. Vor- u. Frühgesch. Baden-Württemberg 57 (Stuttgart 1999) 87: 33.

Nach W. Zanier, Das römische Kastell Ellingen (Mainz 1992) 162: 29u.

Nach Der Römische Limes in Deutschland (Stuttgart 1992) Abb. 31 (nach C. S. Sommer): 31o.